普 天 之 下 ・ 盡 是 好 書

普天 出版家族
Popular Press Family

凌雲 文創
A-Plus Creative Company

ENCOURAG
YOURSELF

越不被看好，就要**勉勵自己做到最好**

瞧不起你的人，就是你的貴人

凌越──編著

馬丁路德曾經寫道：
最終衡量一個人是否成功，不是看他一帆風順的時候做什麼，
而是看他在艱苦和困難的時刻，是否懂得用坦然的遼闊心態去面對。

每個人都會遭遇失敗挫折，也都有遭人看輕的時候，一味自怨自艾非但於事無補，也會讓你更加讓人瞧
與其抱怨為什麼大家都不看好自己、嘲弄自己，倒不如把噓聲當成鼓勵自己的掌聲，
把這些輕視自己的人當成鞭策自己的貴人，努力活出自己的一片天。

•出版序•

把別人的打擊，當成奮發向上的階梯

感謝那些折磨我們的人事物吧！如果沒有這些折磨，我們就不可能激發突破人生瓶頸的潛力，也不可能超越人生的各種困境。

作家霍桑曾經如此寫道：「困難與折磨對於任何人來說，都是非常寶貴的磨練鬥志和毅力的機會；只有承受得起別人無法承受的折磨，才能夠讓自己成為真正的贏家。」

生命中，每個挫折磨難都是鍛鍊精神意志，增加本身能力的絕佳機會，正因爲如此，當我們成功地超越人生困境，首先要感謝的，往往不是那些安慰呵護我們的人，而是那些平日折磨我們、瞧不起我們，讓我們避之唯恐不及的人。因爲，如果沒有這些激勵我們心智的人，我們就無緣擁有超越困境必須具備的能力。

你覺得目前的境遇不如意嗎？你曾經絕望得想過要放棄嗎？

不要灰心得太早，世界上和你有著同樣遭遇的人還有很多；他們之中有不少人最後跳出自怨自艾的框框，轉而開創出自己的一片天空。

只要你肯積極改變自己，下一個成功的人就是你！

奧城良治是個剛出校門的年輕人，業務生涯剛起步，立刻面臨無止境的拒絕和挫折，人生幾乎從雲端跌入地獄。

他沒有太多社會經驗，還不懂得調適自己的心情，每天四處奔波勞碌，不但毫無收穫，還要周旋在各式各樣的「奧客」之間，忍受冷嘲熱諷和挑剔，這樣的地獄人生有什麼意思？

奧城良治意志消沉，只差沒走上自殺一途。

有一天，他感到尿急，便在鄉下的田埂邊撒尿，見到田邊有一隻青蛙，正好奇地對著他看。

「好啊！我已經這麼慘了，你還用這種眼神看我，我就讓你比我更慘，以消我心頭怨氣！」奧城良治對著無辜的青蛙喃喃自語地說著，隨後瞄準青蛙的頭，調皮地把尿往牠頭上撒。

原本以爲青蛙會落荒而逃，想不到牠不但沒有走，甚至連眼睛也不眨一下；青蛙的神情怡然自得，像在享受一次舒服的溫水淋浴。

突然之間，奧城良治腦中靈光乍現：「如果青蛙都可以把這樣的羞辱當作一次暢快的淋浴，樂在其中，那我爲什麼不能把客戶的拒絕當成一種享受呢？推銷員可以像青蛙一樣，無論遭遇多少次拒絕，面對再怎麼惡劣的態度，只要逆來順受、視若無睹，就不會覺得有任何的不快了。」

奧城良治在青蛙的啓示下，領悟了推銷的極致道理，發明一套「青蛙法則」。從此以後，他謹記著這個法則，在進入汽車公司後第十八天，他總共拜訪一千八百多位客戶，也終於簽下了第一份訂單。

此後，奧城良治平均每個月賣出八部車。經過一年的磨練，他的業績提升到十五部車；又過了五年之後，他的成績更呈倍數成長，每個月平均賣出三十部車。這樣的好成績連續維持了十六年，奧城良治成了全日本汽車界的銷售之王，他把成功完全歸功於自己發明的「青蛙法則」。

威爾遜曾經寫道：「別人嘲笑我們的地方，通常是我們不足的地方。」其實，這正是我們為何那麼痛恨瞧不起自己的人，如果不是對方踩到我們的「痛處」，我們為何會有那麼大的情緒反應？

因此，別人瞧不起我們的時候，我們應該靜下心來虛心檢討，把這些嘲諷、打擊，當成自己奮發向上的階梯！

所有加諸在我們身上的痛苦磨練，其實都在培養我們面對困境時所需要的抗壓力。遇到痛苦和折磨，如果選擇轉身逃避，那麼這些痛苦折磨就會成為你向下沉淪的拖陷力量，但是，只要願意面對，那麼這些痛苦和折磨就會成為超越人生

困境的主要動力。

感謝那些折磨我們的人事物吧！如果沒有這些折磨，我們就不可能激發突破人生瓶頸的潛力，如果沒有這些折磨，我們也不可能超越人生的各種困境，將生命提升到另一個境界。

爲了成爲超級推銷員，奧城良治不但要熱臉貼冷屁股，還要逆來順受、吃苦當吃補，把別人的尿液當成溫水ＳＰＡ，卑微得像隻青蛙；換做是你，你願意嗎？

有些人遭到打擊就自暴自棄，最後和自己的人生目標背道而馳，但是某些人卻把這些不如意當成是老天贈送給自己的禮物，最後開創出嶄新的生命版圖。想出人頭地，就必須調整自己的心態，才能開創迥然不同的未來。

PART—1 有自信，成功就在你手中

成功不該等待別人的肯定，因為不論別人怎麼看待你，最後真正能讓你肯定自己的關鍵人物，還是你自己！

PART—2

用微笑面對別人的嘲笑

面對別人的嘲笑，輕鬆地自我解嘲比惱羞成怒更能展現我們的包容力和成熟度。

PART—3 不服輸，才能扭轉劣勢

既然不幸，就要面對不幸，並相信自己可以改變這些不幸！只有不服輸的人，最後才能扭轉劣勢。

PART—4

現在就是你開始的最好時機

只要繼續努力，夢想希望一定可以實現。人生任何時候都是最好的開始，年齡絕不是退縮的藉口，更不是勇氣降低的理由。

PART—5

面對問題，才能早日解決問題

越拖越久，不過是讓自己的痛苦加長罷了，不如現在鼓起勇氣，積極面對問題。早一日面對問題，就能早一日解決困境。

PART—6

接受困境，才能遠離困境

無論生活中遇到什麼樣的大小麻煩，只要能積極面對，很快的，將會發現所有難題迅速解決、消失。

PART—7

讓平凡的自己變得不平凡

要從每一件小事中發現機會，不漠視自己的平凡，也不小看生活周遭的平凡，如此一來，再平凡的事也能變得不平凡。

PART—8

每個人都需要一個偉大的夢想

每一個夢想都代表著我們對未來的期許，裡頭蘊藏著無限的生命活力，因為夢想，我們的生活充滿了動力。

PART—9

別再當一個埋沒才華的傻瓜

開採你體內的「金礦」和「油田」，這些資源才是真的取之不盡，用之不竭；一旦你漠然置之或不去深鑿，天份自然會被埋沒。

PART—10

挫折只不過是生命的轉折

只要我們能用「樂觀」熨平失意傷痛，願意用「積極」讓身上的傷疤癒合，失敗與跌倒我們都不足為懼。

1.

有自信，成功就在你手中

成功不該等待別人的肯定，
因為不論別人怎麼看待你，
最後真正能讓你肯定自己的關鍵人物，
還是你自己！

用寬闊的胸襟迎接未來

每個人都會有過往的身世，但是人生第一重要的是現在，過去，出身好壞不能代表未來成就高低。

英國諷刺作家斯威夫特曾說：「譏笑是一面鏡子，誰都能從其中照見自己真實的一面。」

因此，當有人語嘲諷我們、譏笑我們、瞧不起我們的時候，非但不能痛恨對方，反而必須抱著感恩的心情來謝謝這些人。因爲，如果不是他們的輕蔑、嘲笑，我們又如何激發鬥志，勉勵自己奮發向上呢？

來到巴黎之後，大仲馬爲了維持生計，經常爲法蘭西劇院謄寫劇本，藉此賺取微薄的稿費。

原本就著迷於戲劇的大仲馬，這會兒更加有機會閱讀到精采的劇本，慢慢地也培養出寫作的熱情。特別是讀到自己喜歡的劇本時，腦海立即湧現各種劇情畫面，這時他總是忍不住停止謄寫，另外拿出一張白紙振筆疾書，寫下他心中的精采劇作。

這天，大仲馬帶著劇本走進悲劇演員塔瑪的化妝室：「塔瑪，我很想成爲一個劇作家，您能不能用手碰碰我的頭，給我一點勇氣和運氣？」

塔瑪微笑地舉起了手，說道：「好，我以莎士比亞和席勒之名，在此爲你這個詩人洗禮！」

大仲馬低下了頭，接著鄭重地說道：「請放心，我一定做得到！」

許下諾言之後，大仲馬花了三年的時間寫出大量的劇本，但是卻沒有被任何一間劇院接受。

直到一九二八年的某一個傍晚，法蘭西劇院送來了一張便條給他：「大仲馬先生，您的劇作《亨利三世》，今晚將在本劇院演出。」

收到這個天大的好消息，大仲馬開心得不得了，立即飛奔至劇院。看見座無虛席的場面，大仲馬的情緒有些激動，雖然他無法靠近舞台就近欣賞自己的作品，但是看見大家如此熱烈的反應，一切已經足夠了。

忽然，舞台上傳來一個聲音：「請亞歷山大．大仲馬先生上台！」

大仲馬站了起來，因爲用紙板作成的硬衣領，讓他不得不高高地抬起頭向前走，身邊的掌聲登時如雷響起。

第二天的報紙上寫著：「大仲馬的頭昂得那樣高，但蓬亂的頭髮彷彿要碰到星星似的。」

《亨利三世》演出成功讓大仲馬一舉成名，接下來，另一部《安東尼》也開創了全新的成功紀錄，而他也在短短兩年時間裡，迅速成爲巴黎時尚界最紅的青年劇作家。

但是，對於巴黎貴族圈來說，大仲馬的出身根本配不上他的名聲，人們對於他的背景充滿了輕蔑，有人嘲諷他的黑奴姓氏，甚至連巴爾札克這樣的大作家也曾傲慢地當面嘲笑他：「在我才華用盡時，我就會去寫劇本。」

大仲馬立即冷冷地回應：「是嗎？那你現在就可以開始了！」

沒想到，巴爾札克沒有激怒大仲馬，自己卻反而因爲這句話惱羞成怒：「你說什麼？好啊，在我寫劇本之前，請你先談談你的祖先吧！我想，那一定是個很好的題材。」

大仲馬看見巴爾札克這樣不禮貌，忍不住火冒三丈地說：「這樣嗎？你聽好了，我父親是克里奧爾人，我最敬愛的祖父是個黑人，我的曾祖父據說是個猴子，而我的家鄉正是在你搬走的地方發源起來的。」

昨天和今天最大的不同處是在於，昨日時光已經消逝，無人能追回，唯獨此刻正值日正當中，只要我們能讓今天精采充實，燦亮陽光便能延續至夕陽餘暉，再至月盈星耀，進而迎接下嶄新的一天。

這是我們對生命應有的態度，每個人都會有過往的身世，但是，人生第一重要的是現在，過去或出身好壞不能代表未來成就的高低。所以，有些情緒的大仲馬對巴爾札克說出一個重點：「出身有何重要？無論昨天我踩過多少泥濘，我已到達了目的地，不管過去或身世如何，我和你如今都已經站在同一個原點上。」

每個生命皆有各自的價值，沒有人理所當然地繼承前人的庇蔭，更沒有人應該繼續前路的崎嶇，這個態度不是要抹滅過去的經歷，而是希望每個人都能用寬闊的胸襟迎接未來。

爲了有更好的明天，我們學習把握今天；爲了不受昨天牽絆，我們學會善用今天。只要我們像大仲馬一樣，努力地往前邁進，過去的失落與眼前的挫折終將成爲迎向明天的一股新力量。天明時分，我們也會像大仲馬一樣迎接人生的驚喜。

有自信，成功就在你手中

成功不該等待別人的肯定，因為不論別人怎麼看待你，最後真正能讓你肯定自己的關鍵人物，還是你自己！

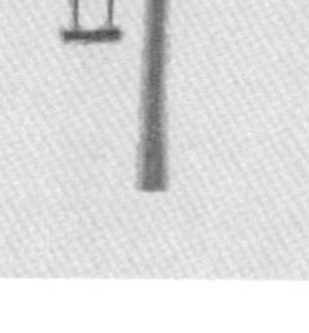

仔細想想每一次失敗的原因，果眞是因爲你的方法不佳嗎？還是你對自己的信心不夠呢？

當你努力地充實了自己的能力，仔細地找到了成功的方法之後，你心中眞正期待的，會是來自別人的肯定歡呼，還是源自於你心底，那個充滿自信的希望號角響起？

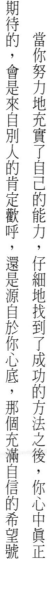

這天，剛滿十二歲的戴爾與家人們在墨西哥海灣釣魚。此刻正值傍晚，父親和其他兄弟們迅速地準備好釣具開始釣魚，唯獨小戴爾仍然坐在沙灘上，使勁地擺弄他的釣具。

不久，哥哥還看見他將好幾個釣鉤全掛到釣竿上，忍不住大笑，對他說：「戴爾，你別再胡搞瞎搞了，太陽都快下山了，你快把釣竿拿過來，和我們一塊釣魚吧！」

戴爾的爸爸這時也說：「是啊！孩子，別浪費時間了。」

只見戴爾抬起了小臉，沒有出聲，只搖了搖頭，接著便又低下了頭，繼續重建他的釣竿。

眼看太陽就快下山了，媽媽也發出到了晚飯時間的叮嚀聲，這時戴爾迅速將他的釣竿遠遠地拋了出去，並將竿子深深地插入了沙土中。

「你肯定要空手而回了！」哥哥說。

戴爾不以爲然地回答說：「別急著下定論，等吃完晚飯後就知道了。」

晚飯結束後，戴爾不慌不忙地回到了岸邊，夜幕雖然已經拉下，所幸尚有月光相陪。

家人們陪著他回到了岸邊，當小戴爾拉起了釣竿時，大家忍不住驚呼著：「簡直太神奇了！」

月光照耀下，釣竿上的魚鱗閃耀著無限光芒，這讓小戴爾忍不住驕傲地揚起了頭，母親笑著撫了撫小戴爾的臉龐說：「孩子，你好棒啊！」

他們數了釣竿上的魚獲，竟然比一家人釣獲的數量還多呢！從此，戴爾最常說的一句話是：「只要你認爲這個辦法不錯，不妨試試！」

也因爲這樣的自信與執著，戴爾不論從事什麼事業，總是能一鳴驚人，而這當然是讓他成爲電腦業鉅子的主因。

不論別人怎麼嘲笑，眞正能左右我們未來方向的人，始終是我們自己。只要對自己有信心，最終我們一定能達到心中預期的結果。

勇敢表現自己的小戴爾知道，機會就在他的手中，即使別人不以爲然，極力地否定，他仍然堅持：「我有信心，這個辦法一定成功！」

正因爲心中充滿了自信與念力，小戴爾實現了心中的夢想。更因爲這一次的成功體驗，讓他的未來時時充滿了自信，即使遇見困難，都能堅持一定可以成功的信念。

一再地受限於別人否定聲音裡的你，是否已經明白故事的寓意了呢？

「成功不該等待別人的肯定，因為不論別人怎麼看待你，最後真正能讓你肯定自己的關鍵人物，還是你自己！」

這是年僅十二歲的小戴爾從釣魚的過程中省悟出的生活智慧，卻也是你我應當仔細體會的人生哲思。

沒有人應該當個永遠的失敗者

困難是生活的一部份，只要我們能用平常心面對，每一個困難都將是豐富我們人生的重要伙伴。

成功與失敗其實只在一念之間。有人會將挫折視爲累積成功的第一步，因此無論遇到多少挫敗與困難，從來都不覺得自己是個失敗者。

所以，你不應當認爲自己是個失敗者，也沒有人能認定你永遠是個失敗者。成功與失敗的結果全掌握在你手中，只要把腳步站穩，勇敢前進，再強勁的風雨你都能走過。

阿根廷足球明星馬拉度納從小便喜愛足球。每天一賣完擔在肩上的小鐵桶後，他便會趕到巷子裡和自組的小足球隊成員們練習踢球。

在無比的興趣與熱情支持下，馬拉度納幾乎是風雨無阻。非常努力練球的他，球藝進展得比任何人都快，因此十五歲時便被阿根廷球隊相中，力邀他成為阿根廷足球青年隊的一員。

這天，蒙特斯教練告訴球員們：「再過幾天，你們將迎戰塔賽雷斯隊，請務必全力以赴。」

馬拉度納一聽見即將迎戰的是素有雄獅之稱的塔賽雷斯隊，雙眸立即現出光芒，緊握著雙拳對自己說：「好，我一定會全力以赴，為自己贏得一份價值非凡的十六歲生日禮物。」

比賽的日子到了，蒙特斯教練將一套印有十六號字樣的運動衣交給馬拉度納，看著「十六」這個數字，馬拉度納情緒有些激動：「是巧合嗎？還是教練故意安排的呢？」

因為十六歲生日在即，這個巧合讓馬拉度納更加重視這場重要球賽，而且有

著非贏不可的決心。

但或許是期望過高以致於壓力過大，馬拉度納踢得並不理想。雖然他一心想破門立功，可是反而一球未進。最後在隊友卡希雷拉力助下，好不容易阿根廷隊踢進了一球，最終以一比零獲勝。

面對如此糟糕的表現，馬拉度納心情非常鬱悶。生日這天一回到家，父親看見他滿臉愁容，便安慰他說：「孩子，你已經是個大人了，別再耍小孩子脾氣了，記得吸取今天的教訓，以後好好地踢球啊！」

聰明的馬拉度納聽見父親的教訓後，揚起了頭，認真地對父親說：「是的，父親您說的沒錯，我還有許多事情要學，尤其是射門的準確性！」

沒有忘記兒子生日的父親，撫摸著兒子的頭說：「這就對了，這個教訓是你十六歲生日的最佳禮物！」

每天我們都會遇到不順心的事，即使企圖心強、信心十足，也不見得事事成功。只要明白這一點，我們便能像馬拉度納一樣，知道從錯誤中修正腳步，積極地邁向成功之路。

生活中所有的遭遇都很平常，即使是困難與挫折也都是日常生活的一部份，它們是隨時陪伴身邊的朋友，隨時都提供我們面對生活的方法，更經常引導我們修正人生的方向。

只要我們能用平常心面對，每一個困難都將是豐富我們人生的重要伙伴。

球賽不會只有一場，我們遇見失敗的機會也不會只有一次。所以，馬拉度納的父親也提醒了我們：「吸取教訓是人生中最重要的事。不要用愁容面對挫敗，因為每一個失敗都有因果，如果你決心追求成功，便應該知道如何用笑容面對失敗找出原因，等待下一次反敗為勝的機會。」

設法將壓力轉化爲助力

有時候，有計劃的冒險，可以讓壓力轉化為助力，幫助自己完成目標，並進一步提升自己的能力，實踐自己的夢想。

女作家丁玲曾說過：「人，只要有一種信念，有所追求，什麼痛苦都能忍受，什麼環境也都能適應。」

自我設限，是絆住成功最大的石頭。

許多人認定了事情不可能成功，就不願意去嘗試，可是不去嘗試，怎麼知道自己做不到呢？適度的壓力能激發潛能，並且轉換成助力，激勵自己尋求解決的方式。

傑西先生今年二十七歲，是個朝九晚五的平凡上班族，和妻子住在一間小小的出租公寓裡面。

隨著孩子的出生，他們很希望能擁有自己的房子，讓成長中的孩子有更大的活動空間，和良好的學習環境，不再當無殼蝸牛。

可是，傑西的收入並不多，只能勉強負擔每個月的房租和生活開銷。有一天，當他又要開出下一個月房租的支票時，突然跳了起來，並大聲的對妻子說：「我們每個月付房租的錢，都可以拿來分期貸款買房子了，既然如此，爲什麼不乾脆買下自己的房子呢？」

妻子笑了笑，溫柔的對傑西說：「你說的沒錯，但是買房子的頭期款是一筆不小的數目，現在我們負擔不起啊！」

傑西沉默了一會兒，再度抬起頭時，眼中帶著堅定神色。

他告訴妻子：「有許多的夫妻都跟我們一樣，想買一間自己的房子，但有半

數以上都沒辦法如願以償，問題就在頭期款。雖然現在我還不知道該如何去湊出那筆錢來，但是我相信，一定會找出辦法來的。」

幾天過後，傑西夫婦找到了一間令他們滿意的房子，既寬敞又舒適，但是頭期款要一千兩百美元。傑西知道自己無法從銀行貸到這筆錢，於是腦筋一轉，找上了包商，希望能私下貸款。

剛開始包商態度冷漠，怎麼樣都不肯接受，後來看到傑西不肯放棄的決心，終於妥協，同意讓他用每個月償還一百美元、利息另計的方式，來付一千兩百美元的頭期款。

解決了包商方面的問題之後，傑西接著要面對的問題是，每個月無論如何都得湊出一百美元來。夫婦倆想盡辦法，只能湊出二十五美元，另外的七十五美元該怎麼解決呢？

經過了一夜的思考，隔天上班時，傑西告訴了老闆自己將買新房子的消息，並解釋目前的狀況。

傑西說：「為了買新房子，我每個月必須多賺七十五美元才行。公司的一些案子，若能在週末處理，一定能提升公司的營運效率，不知道您能否同意我在週末加班呢？」

老闆聽了，一方面很高興傑西將擁有自己的房子，一方面也爲了他的努力而感動，就答應讓他在每個週末加班十小時，且更肯定了他的能力，將許多重要的工作交付給他。

傑西夫婦也終於快樂地搬進了他們的新家。

每一個人都爲了追求更好的生活而努力著，擁有自己的房子，則是許多家庭的夢想。然而，在相同條件下，多年過後，有些人還是靠租屋過生活，有些人則達成置產的願望。

會有這種截然不同的結果，兩者的差別在哪裡呢？

關鍵的因素就是動力！

人們常被世俗的習慣侷限，讓「事情本該如此」的想法綁住，一旦被別人對

自己的評價決定了自我的價值，到最後便會只知安於現狀，不求突破。

如果傑西認定了房屋的頭期款不是自己有辦法負擔的，繼續過著租屋的生活，那他想擁有自己房子的願望，就變成了遙不可及的夢想。

反過來，只要跨出了第一步，就會有第二步、第三步。他會去動腦，思考有什麼方式可以解決問題。

有時候，有計劃的冒險，可以讓壓力轉化爲助力，幫助自己達成原本可能難以完成的目標，並進一步提升自己的能力，實踐自己的夢想。

無論如何都不能放棄到手的機會

只要你有突破困難的勇氣與決心，即使手中的成功機會即將失落，你仍能奮力把握，永不忘棄！

機會那樣難得，那樣珍貴，我們怎麼能讓它輕易地從自己的手中溜走？別再問機會怎麼那麼難得，也別再問人生爲什麼困難重重，好機會得來不易，我們要更懂得珍惜、把握。

小澤征爾是聞名國際的日本指揮家，他之所以有崇高的地位是在貝納頌音樂節的國際指揮比賽中得來的。在這之前，即使在日本國內，他也只是個名不見經傳的人物。

小澤先生之所以決心參加貝納頌音樂比賽，是受到音樂同好朋友的鼓勵。自從決定參賽之後，小澤先生便以拿到冠軍爲目標，帶著必勝的信心風塵僕僕來到歐洲。

只是一到當地，立即有難關來攔阻他。抵達歐洲辦理參加音樂比賽的手續時，忽然發現證件竟然沒有帶齊，即使有參加通知單，委員會仍然不予受理。

「好不容易來到這裡，我一定要參加比賽！」

決心參賽的小澤征爾積極地爭取，他先來到日本大使館請求協助，然而館方人員卻表示他們無能爲力。

面對這個突如其來的大麻煩，小澤先生並沒有退縮，忽然想到朋友說過的一件事：「美國大使館不是有個音樂部門嗎？只要喜歡音樂的人都可以加入！」於是他立刻趕到美國大使館。

他首先便遇見了負責人卡莎夫人，曾在紐約的樂團擔任小提琴手的卡莎夫人聽完了小澤先生的難處，卻也面有難色地表示：「雖然我也是音樂家出身，但是，美國大使館不能越權干涉音樂節的事。」

但小澤先生仍然苦苦哀求，卡莎夫人思考一會兒後又問：「你是個優秀的音樂家嗎？或者是個不怎樣的音樂家？」

小澤征爾十分自信地回答：「我當然認爲自己是個優秀的音樂家！」

如此充滿自信的回應，讓卡莎夫人立即放下了手邊的工作，聯絡貝納頌國際音樂節的委員們，請求他們讓小澤征爾參加比賽。他們商量了一會兒後回應：「兩周後我們會做出決定，然後再通知你們。」

兩個星期後，小澤先生收到了美國大使館的回覆，他獲准參加音樂比賽了。從預賽到決賽，小澤征爾每一次出場時心中都有一個聲音：「我差一點就被逐出比賽了，就算現在不入選也無所謂，但爲了不讓自己後悔，我一定要全力以赴！」

小澤先生在輕鬆以對中，反而更能盡全力表現，最終他沒有辜負自己的期望，拿下了指揮冠軍。

直到最後一秒，小澤征爾都不願放棄。

他努力地奔走在日本大使館與美國大使館之間，爲了爭取參加機會，用盡全力堅持到底。

這是國際指揮家小澤征爾面對困難的方法，也給了正陷在麻煩之中的人們一個方向：「只要你有突破困難的勇氣與決心，即使手中的成功機會即將失落，你仍能奮力把握，永不忘棄！」

如果自己都沒有積極作爲，不主動爲自己找到求生的出路，我們又有何資格等待別人的支援？

無論困境多惱人，都不能放棄。每個人都有自救的本能，只要能多一點意志力和耐力，多一點信心和決心，我們定能克服眼前的這些逆境，一如小澤征爾先生一般，無論命運的風浪搖擺得多麼厲害，始終都能堅毅地將成功握在手心。

在有限的機會中充分表現自己

只知一味地埋怨、放棄的人，多數缺乏耐性，更不懂得把握住表現自己的機會。

法國文豪巴爾札克曾經在著作中告訴我們：「所謂的強者，就是那些意志堅定，而又能耐心等待時機的人。」

機會看似無窮，實則有限。

我們的生命是短暫的，別輕易地放棄表現的良機，只要我們確實盡了全力，在每一次表現的機會中充分展現實力，那麼不管多難得的機遇，我們都不會錯過。

一九八八年的歐洲杯足球賽上，荷蘭隊的巴斯西在這裡一舉成名，雖然他一度連上場的機會都沒有。

在人才濟濟的荷蘭隊中，巴斯西的表現並不突出，因此教練團決定讓巴斯西等待後補。

尷尬地坐在板凳區的巴斯西，對於教練團這個安排十分不滿，卻也不得不服從。只是，好不容易來到了球場上，竟然連上場的機會都沒有，這點讓巴斯西非常難過，甚至還一度想走出球場，一個人獨自搭機回國。

或許是老天垂憐他，就在第三場開始不久，荷蘭隊與英格蘭隊在場上熱烈廝殺之際，主力前鋒受傷了，讓巴斯西終於有機會上場了。

緊緊抓住上場的機會，巴斯西充分地配合主帥的要求。當然，每當足球位在他的腳下時，他更沒有忘記要把握住進球的機會。

這個時候，場上響起了如雷的掌聲。這些聲音正是要送給巴斯西的，因爲他一上場便拿下了關鍵性的第一分，接下來他更有如神助般連中三元。如此精采的表現，當然爲他贏得了「主力前鋒」的位置。隨後在對德國的比賽中，也是由他踢進了勝利的一球，自此巴斯西不僅站穩了荷蘭隊的前鋒位置，更被人們尊爲足球先生。

拿下了金靴獎之後，巴斯西獲得米蘭隊的高薪合約。在米蘭隊中，他與另兩位伙伴培養出十足的默契，這也讓他的足球生涯再攀巔峰。

後來，有人問巴斯西：「請問您的成功秘訣是什麼？」

巴斯西謙虛地回答：「秘訣？我沒有什麼秘訣！我只是在機運到手時，會緊緊地把握住表現機會而已！」

「別想太多，機會一到手就要好好把握！」這是巴斯西的成功法則，更是經常訴苦自己沒有機會的人應當好好學習的態度。

我們不難發現，那些抱怨很多的人經常說：「我哪有機會啊？我一直都找不

到我想要的機會。」

聽見這樣的埋怨，我們不免要問：「是你不清楚自己要什麼，還是人們把機會送到你面前時，卻因爲你的設限太多而自己放棄了呢？」

試想，如果巴斯西當初一氣之下便上了飛機，那麼就算老天爺給他再多的機會，他恐怕連一次也抓不牢。

只知一味地埋怨、放棄的人，多數缺乏耐性，更不懂得把握住表現自己的機會。所以，即使機會送到面前，他們仍然會臭著臉搖頭拒絕。

你表現自我的企圖心有多少，你的機會就有多少。

只要你肯耐心地等待，屬於你的機會便隨時都會出現，就像巴斯西說的：「成功確實沒有秘訣，只要你能耐心等待，一旦機會到手就盡全力地表現自己，那麼成功便是你的了。」

希望需要積極行動來支持

不管是遇見瓶頸，還是遭遇阻礙，只要我們能繼續前進，一定能讓心中希望的目標達成。

沒有積極行動，夢想當然無法實現；缺乏行動力的支持，不管你懷抱著多麼大的希望，最終一切還是要落空。

所以，與其將希望放在腦海中想像，不如先行動了再說，只要能積極地將步伐跨出去，不管這個步伐有多小，你的夢想終會有實現的一天。

有一位四十幾歲的銷售部經理正在向激勵專家拿破崙．希爾訴苦：「我好害怕失去工作，我有一個很不好的預感，我可能就要離開這家公司了，怎麼辦？怎麼辦？」

希爾細心地聆聽，並且引導他說出理由：「爲什麼？」

經理仔細地訴說著：「因爲最新的銷售成績已經出來，這個統計數字對我很不利，今年我這個部門的銷售業績比去年低了百分之七，然而全公司的銷售則額增加了百分之六十五。昨天我被商品部的經理責備了一頓，他說我老了，一點也跟不上公司的進度。」

說到這裡，經理忍不住嘆了口氣：「唉，我從未有這樣的感覺，我似乎眞的失去了掌控的能力，連我的助理也有這種感覺，許多同事也覺察到我的情況，我眞的在走下坡路了。我好像快被淹死了，旁邊還站著許多旁觀者，等著看我滅頂……」

「你想認輸了嗎？」希爾問。

經理聽見激勵大師這麼問他，一時竟呆住了，因爲以目前情況來看，他似乎已經輸了！經理再次地嘆了口氣說：「唉，我無能爲力了，我眞的很害怕，但是，我又希望會有轉機……」

希爾立即插話反問：「你只是希望而已嗎？」

希爾停了一下，沒等經理回答，又接著問：「爲什麼你不肯採取行動來支持你的希望呢？」

經理眼神忽然亮了起來，希爾引導他：「今天下午你就要想出辦法，將銷售數字提高。你一定知道營業額下降的原因，只要能把原因抓出來，你便能讓『希望』實現。現在，你有兩條路可以走，第一，你可以從現有的貨物中變化，也可以讓你的推銷員表現得更加積極、熱情。雖然我無法準確地指出提高營業額的方法，但是我知道你一定有方法。總之，你要讓身邊的人知道，你還活得好好的，絕對不是一個快要淹死的人。」

經理聽完希爾的心戰喊話，眼神中再度充滿了勇氣，點了點頭後又追問：「第二條路是什麼？」

「第二條路，就是從現在開始，你不妨留意一下有沒有更好的工作機會，萬一在你積極改進之後，還是保不住目前的工作，至少你知道還有另一個方向可走，不致於在第一條路上鑽牛角尖，你說是不是呢？」希爾再一次地清楚指引出方向。

過了幾個月，這位經理在電話另一頭激動地說：「希爾，我眞的成功了，我發現原來問題是在推銷員身上。以前我們是一個星期開一次會，現在則是天天開會，推銷員們現在個個都充滿了幹勁，他們似乎很明白我改革的決心，所以比從前更願意付出努力。還有，當我同時進行第二條路時，竟然一下子就得到了兩份工作機會呢！雖然我全部婉拒了，但是那卻讓我的信心加倍，我實在太感謝你了。」

希爾笑著說：「不必感謝我，因爲眞正幫助你找回信心與成功的人，不是我，而是你自己。」

心中的希望一點都不難實現，所以拿破崙．希爾一再勉勵世人：「請採取積極行動來支持你的希望。」

不管是遇見瓶頸，還是遭遇阻礙，只要我們能繼續前進，一定能讓心中希望的目標達成。無論阻礙多大，我們始終得靠自己找到出口，希爾推辭感謝並不是自謙之詞，而是要我們明白一件事實：「人們的提醒與叮嚀多數只具安慰作用，並不具備實質的解決功效。無論我們遇見什麼樣的難題，最後能解決它的人，始終是我們自己。」

聽完激勵大師的開導，不知道你是否已豁然開朗？

人生原本就充滿大小問題，聰明的人會利用這些問題來豐富生活，因爲他們知道，生命最有趣的部份不在成功之後，而是在成功之前。因爲在這之前，那一段難得的風雨體驗和辛苦走過的重重驚險，確實令人回味。

用微笑解決生活中每一道難題

生活不該老是要求別人，因為我們最難控制的是自己。情緒的主控權其實一直都在我們的手上。

作家西里曾經寫道：「同樣一件事情，用不同的心情去面對，最後所得出來的結果，通常會大相逕庭。」

確實，心情是決定事情成功與否的重要關鍵，心境一旦改變，事情就會朝不一樣的面向發展。

別再繃著臉面對問題了！靜靜地思考一下，生活中，多一點情緒，我們便少了一點快樂的時光，少點情緒發作，我們歡笑的時間便多了一些。

還是多用微笑解決自己遇到的問題吧！畢竟繃著臉辛苦過日的人，始終品嚐不到生活的甜美滋味！

今天是貝琪與老公馬克蜜月旅行的第三天，他們一直到深夜時分才回到預訂的旅館。

因爲找不到泊車的服務人員，馬克只好請櫃台人員幫忙：「麻煩您將車子停放至停車場，並且將我們的行李拿到房間裡，謝謝。」

櫃台人員點頭答應後，馬克和貝琪便回房休息去了。

「咦？都過了一個鐘頭，行李怎麼還沒送來？他們的服務眞差！」等著替換衣物的貝琪忍不住抱怨著。

馬克也滿臉不悅，立即下樓到櫃台查詢，沒想到，這一問更令他火大了：「什麼，你說剛剛在櫃台的人不是服務人員？那他是誰？我的行李呢？你們又跑到哪兒去了？爲什麼讓陌生人爲我們服務呢？」

一聽見行李被騙走了，一想到信用卡、護照和已經簽名的旅行支票和整整兩週的蜜月旅行計劃恐怕要泡湯了，馬克的情緒立即飆高：「不行，你們立刻找回我的行李！」

「到底發生了什麼事呢？」貝琪看見老公久久沒有回房，忍不住好奇，於是下樓察看。

聽完老公的敘述，貝琪的情緒也變差了，繃著臉看了看老公和服務生，口氣極差地說：「怎麼辦？我好不容易安排這麼多天的假期，如果我們剛剛再多等一會兒就好了！」

「什麼？誰叫妳一直喊累呢！」馬克責怪著貝琪。

貝琪聽見馬克把問題歸咎於她，十分不悅地說：「我說自己拿行李就好了，你偏偏要叫服務員拿上來，哼！」

一段爭執之後，兩個人繃著臉全把頭別了過去。這時，櫃台後的服務人員尷尬地說：「對不起，是我們不對！一切損失我們會負起責任，你們不妨先回房休息一下，等我和主管討論完畢後再通知你們。」

聽見服務人員把責任一肩擔起，馬克這時才回過神，認眞地想：「事情總要解決，生悶氣也沒有用啊！發生這種事情，誰也不願意吧！」

事情想通了，馬克忍不住看了老婆一眼，也想到剛剛將行李失竊和老婆連在一塊兒的情況，忍不住向貝琪說：「老婆，對不起。」

聽見馬克的道歉聲，貝琪溫柔地回望了馬克一眼，接著上前擁抱著老公說：「算了，事情都已經發生了，我們先把問題解決，讓損失減到最小，然後再想法子玩囉！」

馬克點了點頭，笑著說：「好！」

用情緒面對問題是多數人的習慣，然而它也是讓問題越變越麻煩的主因，如果故事中的主角馬克和貝琪一直在氣頭上，始終只會用情緒來解決，最後的結局恐怕無法這麼圓滿快樂。

生活不該老是要求別人，因爲我們最難控制的是自己。情緒的主控權其實一

直都在我們的手上，要怎麼恢復和樂氣氛，又要如何讓問題輕鬆解決，只需要我們的一個轉念，想到：「事情都已經發生了，不如用輕鬆一點的情緒來面對吧！事情終究要解決，不如用冷靜的情緒來處理吧！」

生活本來就會有許多突發事件，這都是磨練與豐富生活的絕妙經歷。別老是怪罪老天爺在惡意整人，換個角度想想，那其實是訓練我們操控情緒的最佳機會，更是學會掌握自己的最好方法，不是嗎？

2.

用微笑面對別人的嘲笑

面對別人的嘲笑，
輕鬆地自我解嘲比惱羞成怒更能展現
我們的包容力和成熟度。

用微笑面對別人的嘲笑

面對別人的嘲笑，輕鬆地自我解嘲比惱羞成怒更能展現我們的包容力和成熟度。

有位作家曾經寫道：「一個人在情緒起伏的時候，再擁有如何清晰的思緒，也會變得混亂不堪。」

千萬別讓情緒影響思緒，遇到惱人的人，不妨把他當成激勵自己更上層樓的貴人；遇到讓自己不悅的事，不妨把它當成砥礪自己的磨刀石。

聽見嘲笑聲，我們大方地微笑以對吧！

能夠看淡人們情緒性的嘲笑與辱罵，不僅更能表現出我們的肚量，也更能在

別人脫序的情緒中，爲自己空出冷靜的思考空間，並領先他們一步。

美國總統福特在大學時期曾是橄欖球隊的一員，愛好運動的他，六十二歲入主白宮時，身材看起來仍然十分挺拔且活力四射。

一九七五年，福特到奧地利訪問時發生了一個小意外，那天他從飛機的旋梯走下來時，不小心被絆倒了。只見他雙腳一滑，忽然跌倒在跑道上，所幸身體硬朗的他很快地便跳了起來，表示自己沒事。

沒想到，記者們竟將這件事當笑話新聞來處理，甚至還有人開始傳說，福特總統不僅行動不靈敏，而且笨手笨腳的。

從這次意外開始，每次福特總統一有意外發生，便會被人們誇大渲染，到了後來，甚至他什麼事都沒發生，也要被記者們嘲笑一番，例如哥倫比亞廣播公司便曾這麼報導：「我們一直等待著總統再次撞傷或扭傷，這類新聞才能吸引更多的讀者！」

更有電視節目的主持人故意模仿總統的滑跤動作，不過這一次卻引來總統府新聞秘書聶森的抗議。他憤怒地對記者說：「福特總統是位十分健康且優雅的人，他可是歷年來身體最好一位總統啊！」

後來福特聽說這件事，便笑著對記者們說：「我是個喜歡活動的人，當然比任何人都容易跌跤囉！」

有一天，他在記者協會上與著名主持人蔡斯同台，節目開始時，蔡斯先出場，只見他模仿著福特總統出現的神情，忽然，他像被東西絆住了，咚的一聲跌坐在地板上，接著又整個人滑向了另一方。

台下觀眾一看，都知道蔡斯故意在模仿總統，由於非常逼真，全忍不住捧腹大笑了起來，連福特總統本人也被逗笑了。

輪到福特總統出場時，沒想到意外又發生了，因爲他的衣角被桌子勾住了，接著他雙手高舉，桌上的杯盤與稿紙等全都掉到了地上。觀眾一看，以爲福特總統也是故意搞笑的，於是現場又是一陣哄堂大笑。福特總統則瀟灑地擺了擺手，微笑地對蔡斯說：「蔡斯先生，您果然是位專業的演員！」

面對別人惡意的嘲笑，輕鬆地自我解嘲，遠比惱羞成怒更能展現我們的包容力和成熟度。

不要認定這是別人惡意的折磨，從正面的角度思考，這正是考驗自己的應變能力，讓自己成大器的好機會。

無論是因爲自己的不足，或是因爲出錯而引來人們的嘲笑，聰明的人都會用幽默回應，因爲，不管對方是有意還是無意的笑鬧，最後也只是想看著我們「惱羞成怒」，然後在情緒的激化下，會不會做出另一個更令人忍不住想捧腹大笑的幼稚行爲。

這是人際交往中最常發生的事，當然也曾經在我們身上發生，仔細地回憶一下，當相同的事情發生在我們身上時，是憤怒比較能掙回面子，還是微笑的姿態更能擄獲人心呢？

實務經驗比學歷高低更重要

高學歷不一定代表經驗豐富，因為經歷必須由我們親自碰撞、累積，這些無法從書本裡獲得。

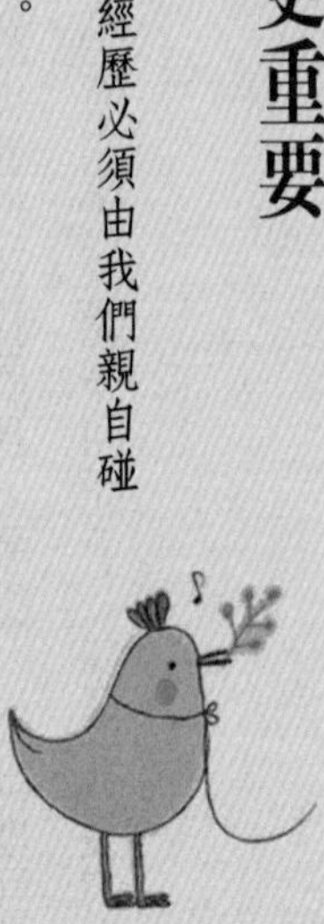

保持柔軟的身段，把週遭難纏的人都當成鏡子，把惱人的事都視爲砥礪自己的磨刀石，通常是一個人邁向成功最有效的途徑。

每個人都有著與眾不同的生活歷練，所以我們要尊重彼此的經驗，並積極互動、交往，才能從中互補彼此生活經驗上的不足。

其實，學歷只是生命經歷裡的一小部份，只要我們能學會尊重有經驗的人，便能少走幾步冤枉路。

有個著名的博士受聘到一家研究所工作，是裡頭學歷最高的一位。

有一天，他到校園裡的小池塘釣魚，正巧遇見所長與副所長也在那兒釣魚，心想：「好像也沒什麼好聊的！」於是，他禮貌性地朝著兩位所長點頭招呼後，便開始準備他的釣魚工具了。

過了一會兒，所長放下了釣竿，接著伸了伸懶腰，看起來似乎有點累了，不久便站了起來，接著竟輕鬆地從水面上如飛般地走向對面的廁所。

這位博士看見所長竟然有如此的好功夫，眼睛睜得大大地，心想：「難道所長懂得水上飄？不會吧？但這確實是個池塘啊！」

不一會兒，所長從廁所走了出來，再次地從水上飄了回來。

只見博士滿臉困惑地看著所長：「這是怎麼一回事？」

博士心中雖然十分困惑，但是卻又不好意思去問，只因爲他認爲：「我好歹是個博士，提出這種問題恐怕會被恥笑。」

過了一會兒，連副所長也輕鬆地展露了一次「水上飄」的功夫，這會兒可把博士弄得更糊塗了：「這是怎麼一回事？難道他們兩位會特異功能？」

忽然，博士也內急了起來，仔細一看，池塘兩邊有圍牆，要到對面廁所非得繞十分鐘的路，但又不願意向兩位所長請教「水上飄」的疑問。

憋了半天，最後他實在忍不住了，竟也起身往水裡跨入，因爲他想：「我就不信他們過得了水面，我這個博士卻不過不了。」

忽然，「咚」的一聲，博士整個人跌進了水池裡。正副所長一看，連忙將他拉了起來，並問他：「你爲什麼往水裡跳啊？」

只見博士滿臉尷尬地問：「爲什麼你們可以在水上飄行？」

正副所長聽了相視笑道：「我們不是在水上飄啦！你不知道這池塘裡有兩排木樁嗎？這兩天因爲雨下得很大，正好將木樁淹沒了。雖然被淹沒了，但我們仍然知道木樁的位置，所以可以輕鬆踩著樁子走過去啊！咦？你不知道的話，怎麼不問一聲呢？」

「因爲我是個博士！」當故事中的主人翁心中響起了這個聲音時，我們也預見了自恃過高的人即將面臨的失敗。

高學歷不一定代表經驗豐富，因爲經歷必須由我們親自碰撞、累積，這些無法從書本裡獲得，即使有人們撰文建言，如果我們沒有親身經歷，仍舊很難明白其中的問題與竅門所在。

所以，當故事中的博士狼狽地掉入水池時，相信許多人都忍不住要嘲笑他：「不懂就要問人，何必那麼高傲？」

是啊，不懂就要「問」，即使問題太過簡單又何妨，讓人們笑一笑，從此我們不會再犯，那才是生活上避免犯錯的正確態度。

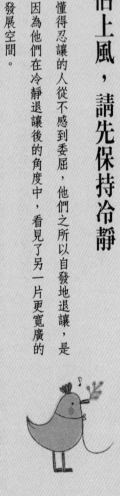

想佔上風，請先保持冷靜

懂得忍讓的人從不感到委屈，他們之所以自發地退讓，是因為他們在冷靜退讓後的角度中，看見了另一片更寬廣的發展空間。

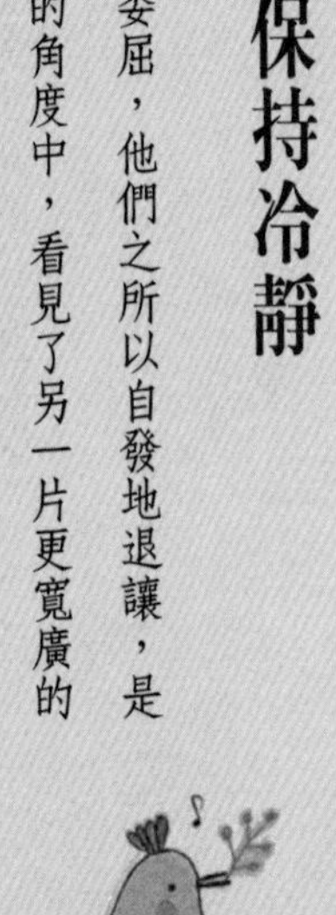

作家萊文曾經寫道：「痛苦的磨練對於肯面對它的人，是一塊墊腳石，但是對於只會逃避它的人，則是一塊絆腳石。」

遇到痛苦和折磨，如果選擇轉身逃避，那麼這些痛苦折磨就會成爲你向下沉淪的拖陷力量，但是，只要願意面對，那麼這些痛苦和折磨就會成爲超越人生困境的主要動力。

跟著情緒行動的人，失去的機會一定比保持冷靜的人還要多，因爲依靠情緒行動的人，很容易讓自己的缺點完全曝露，對手將一眼識破他的弱點。

格拉斯今天將和一位非常難碰面的人約會，在希爾德公司擔任銷售經理這麼多年，他爲了與這位重量級的客戶見面已經等了很久了。

這天，他們約好上午九點整在客戶的會客室見面，然而，格拉斯一直等到了九點半才看見這個人走出辦公室。

然而，這位客戶似乎並沒有發現格拉斯，直接走向秘書桌邊與同事說笑，接著便又走了他的辦公室中。

等到十點時，格拉斯忍不住問接待的秘書人員：「請問，布萊克先生什麼時候能見我？」

秘書冷冷地看了格拉斯一眼，不悅地回答道：「我不知道，他正在忙，你再等一會兒吧！」

格拉斯有些埋怨地說：「他很忙嗎？我剛剛還看見他走出來聊天啊！」

秘書回答：「總之，他有時間見你的時候，自然會出來見你！」

格拉斯聽見秘書如此高傲，情緒有些被挑起，就在發作前，突然他想起了自己在當拳擊手時，教練送給他的一句話：「不要生氣，當別人生氣的時候，他們必定會得到反效果，如果你能保冷靜，最終你一定能佔上風。」

於是，他不斷地提醒自己：「冷靜，不要讓憤怒佔上風，否則你會讓自己曝露在危險中，任由對手擺佈。」

枯坐在接待室裡思索的格拉斯，看著自己名片上的「銷售經理」四個字，忽然意識到：「看來，他一定是故意要激怒我！不行，如果我眞的被一時的情緒影響，恐怕無法理智地發揮自己的能力，所以，格拉斯，你一定要冷靜地接受考驗。」

格拉斯在接待室裡與自己爭鬥一番後，情緒終於緩和了下來，只見他滿臉微笑，耐心等待著：「他最終會來找我的，當他朝著我走來時，我便知道是誰佔上風了！」

想像自己也正如故事中的格拉斯一般，遇到了相同的爲難景況，然後再試著想像，面對這樣的情況你會怎麼處理？

是像格拉斯般不斷地告訴自己：「我知道他是想考驗我，格拉斯，你一定能把情緒冷靜下來，反正你時間多得是！」還是會情緒一挑，憤憤不平地說：「少了你這筆生意又怎樣？我就不相信沒有其他的機會！」

其實，無論哪一個想法都有積極正面的意義，只是後者受制於情緒上的情況更多於前者，而我們都知道，容易受制於情緒操控的人，無論在什麼樣的情況下，確實很容易失去最好的機會。

懂得忍讓的人從不感到委屈，他們之所以自發地退讓，是因爲他們在冷靜退讓後的角度中，看見了另一片更寬廣的發展空間。

他們更知道：「只要我們比別人更加冷靜，不僅什麼也不會失去，反而有機會得到人們讓步的空間。」

改變思路，才有更好的出路

每個人都有一顆聰明的腦袋，只要我們願意多動動腦，讓思路多轉幾個彎，都能讓自己有更寬闊的出路。

現代人在爲自己爭取權利的時候，已經太習慣用直接批判來爭取，更習慣用高亢情緒來抗爭，然而一如我們常見的情況，或許很快地得到了回應，但最後卻也造成了人與人之間對立與情感的破裂。

蘇聯有句諺語說：「不打碎雞蛋，就做不成蛋糕。」

的確，在人生的旅途中，或許你有很多自認爲非常棒的想法與做法，但是，如果你不懂得因地制宜，不懂得改變思路，那麼，你可能就會被眼前的環境困住，找不到自己的人生出路。

有一次，詩人但丁出席一場由威尼斯執政官舉行的宴會，會場上的餐點都是由服務生一份又一份地送到參與者的餐桌上。

但很明顯地，這場由官方舉辦的宴會仍然有著階級上的差別待遇，因爲當服務生送來一盤盤魚的時候，但丁發現，在義大利各邦交使節桌上的煎魚又大又肥，而來到自己面前的卻是一隻隻很小很小的魚。

對此，但丁並沒有表示抗議，不過也沒有挾起魚來吃，而是將餐盤裡的小魚一條一條地拿了起來，接著還將它們湊近自己的耳朵，似乎正在聆聽什麼。接著，只見他又將小魚一一放回盤裡，並滿臉肅穆地看著眼前的魚兒們。

這時，執政官看見了但丁的舉動，上前詢問：「你在做什麼？」

但丁大聲地說：「喔，也沒什麼，我有位朋友幾年前去逝了，當時我們以海葬的方式送他。因爲我很想念他，不知道他現在的遺體是否還在，所以我問問這些小魚們，知不知道他的情況。」

執政官信以爲眞，又繼續追問：「那小魚們說了些什麼？」

但丁說：「嗯，它們說：『因爲我還很小，對於過去的事知道得不多，你不如向同桌的大魚們打聽一下，也許消息會多一些。』」

執政官聽見但丁說「向同桌的大魚打聽」時，恍然大悟地大笑了一聲，然後說：「是，是，我明白了！」

不久，詩人面前便端上了一條全桌最肥美的煎魚。

莎士比亞曾說：「想法，在結果顯現以前，只能稱之為夢想。」

不論你擁有再如何好的想法，如果不能根據現實加以修正，那麼這個想法就只是一個無法助你達到目標的夢想。遇到障礙卻不懂得改變思路的人，就像一艘不知道見風轉舵的船，永遠也無法達到目的地。

看著但丁絕妙地用「小魚的經歷」表示抗議，以擬人與隱喻的方式埋怨盤中

的魚太小，輕巧地避開了主辦單位怠慢客人的尷尬，這個充滿幽默感的表現方式，確實讓人會心一笑。

換做是你，面對他人的不合理待遇時，是否會像但丁一般，在表達自己的不滿情緒時，也顧及別人的感受呢？

想避免生活中的衝突與對立，改變待人處事思路是絕對必要的，在強調個性化的時代，不是直言不諱就不會產生誤解，也不是大膽直接就一定能清清楚楚地將問題解決。很多時候，正因爲太過直接，缺乏待人的關懷或體貼，反而會衍生出更多不必要的怨懟與誤會。

但丁的這則軼事告訴我們，其實每個人都有一顆聰明的腦袋，只要我們願意多動動腦，願意讓思路多轉幾個彎，都能想出借用「小魚與大魚的出生經歷」的幽默隱喻，輕輕鬆鬆地搭起人際間的溝通橋樑，開開心心地化解人與人之間的誤解和對立，讓自己有更寬闊的出路。

別人的意見不要照單全收

不要期待人們的指引，因為那是他們所踩踏的路，並不屬於我們，自己的路就在我們自己的腳下。

英國有句諺語說：「處順境時必須謹慎，處困境時必須冷靜。」

人在徬徨迷惑的境遇中，最容易懷疑自己存在的價值，正因爲胸臆中充滿懷疑，往往不懂得珍惜自己。

遇到困境時，別再等著人們的關愛眼神，也別再期待人們的明白指引，因爲不管他人怎麼引導，那始終都是別人的人生方向，既不適用，也不可能合乎於我們的未來希望。

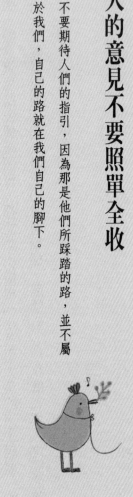

有位年輕的戲劇創作者來拜訪契訶夫，從包包裡拿出了一個劇本，接著便對契訶夫說：「我想請您幫一個忙，看看我剛新完成的劇本有沒有什麼問題，或是談談您的意見。」

「好！」契訶夫接過本子認眞地看了起來。

劇中，有一場是寫著女工程師與技術員在辦公室內談話的戲，契訶夫指著這場戲問：「能不能將這場戲改在車房呢？這樣應該會更加精采。」

年輕人一聽，連忙點頭說：「好！」

年輕人掩不住滿臉興奮的神情，只因爲大師當面提出修改意見。

契訶夫讀了一會後，又問年輕人：「那讓他們坐在公園裡的長椅上，你認爲可行嗎？」

年輕人仍然說：「行！當然行！」

但是，契訶夫忽然皺了一下眉頭說：「或者改在湖面的小艇上呢？」

年輕人一聽竟高興地跳了起來，連忙說道：「好啊！坐在小艇上更美，我馬上就改過來。」

這時，契訶夫嚴肅地說：「那麼……不如請你將這場戲全部刪了。」

原本樂不可支的年輕人聽見大師這句話，像似當場被澆了一盆冷水，一時間呆立站在那兒，不知所措。

只見契訶夫搖了搖頭說：「每一場戲都應該是不可移動的組合，就像人的眼睛一般，沒有人能任意挪動；至於你這場戲，既可以改在公園內，又可以改到小艇上，那只說明了一件事，那就是這場戲根本是不必要的。」

年輕人一聽，頓時臉都紅了，羞愧地說：「我明白了！」

後來，在契訶夫的悉心指導下，這位年輕的劇作家終於寫出了一個又一個屬於他自己的成功劇本。

可以聆聽別人的意見，但是，千萬不能照單全收，我們要有自己的思辨能力，

在傾聽批評並修正我們的錯誤時，也能發現批評裡的對錯，才不致於錯聽批評，導致一錯再錯。

記得宗教哲思大家戈齊福曾說：「凡事要以我為中心，而不是以他人為中心。活在他人的期待中，將走不出自己的路。」

換句話說，大多數的人都習慣在「被注意」或「被要求」的狀況中發現或修正自己，只是這一切都是「被動的狀態」，在這樣慣性的被動認知中，我們總是忽略了「自己的感受」，也遺漏了「自己的希望」。

一如故事中的旨意：「你知道你想要的是什麼，然後你才能從我們的看見中，再次看見你真正想要的東西，如果一味地聽從別人的指引，卻不相信自己，那麼你又怎麼可能創造出真正屬於自己的天空呢？」

所以，不要期待人們的指引，因爲那是他們所踩踏的路，並不屬於我們，自己的路就在我們自己的腳下，一抬頭，我們便能看見未來的目標。

接受批評才能精益求精

能聽見批評的人是幸福的，因為那不僅能讓你即時發現錯誤，即時改正，更能讓你比別人早一步踏上完美人生的階梯。

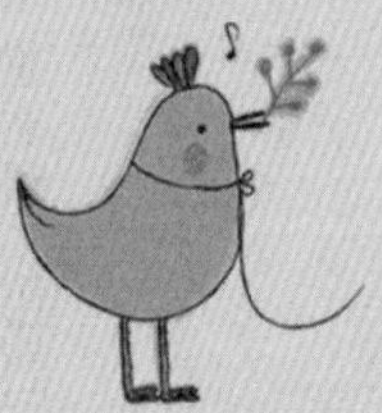

成功者必須面對的批評聲，往往比尋常人多上好幾倍，而他們包容接納的胸襟，也往往比我們寬上好幾倍。

因此，聽到批評的聲音，我們應該這樣告訴自己：「因為我不是完人，免不了會有缺點，所以我必須仔細聆聽人們的批評聲音。」

爲協商脫離英國獨立的北美十三個殖民地代表們，正齊聚在會議室裡，他們一致推舉富蘭克林、傑弗遜和亞當斯負責起草一份宣言，執筆者則由才華洋溢的傑弗遜所擔任。

只是自負文采過人的傑弗遜，很不喜歡人們對他有所批評。所以，將《獨立宣言》草稿送給委員會審核時，與起草人一同坐在會議室外等待時，傑弗遜便顯得焦慮不安。

時間不知道過了多久，一直等不到消息的傑弗遜，似乎等得有點不耐煩，忽然站了起來，接著便在原地來回地踱步。

坐在他身邊的富蘭克林，看著傑弗遜焦躁不安，忍不住拍了拍他的背，接著還講了一個年輕友人的故事來開導他。

富蘭克林說，他的這個朋友原本是個帽店的學徒，三年學習期滿之後，便決定要自己開一間帽子專賣店。

首先，他親自設計了一個店面招牌，上面寫著「約翰·湯普森帽店，現金販售約翰製作的各式禮帽」，而文字的下面則畫了一頂帽子。

就在準備請人依樣製作招之前，約翰把設計草稿拿給朋友們看：「你們有沒有什麼意見？」

第一個朋友看了看，認眞地批評道：「你應該把『帽店』刪除，因爲那是多餘的。」

第二位朋友看了，也直接批評說：「約翰，你應該把『約翰製作的』省略，因爲顧客們不會太在意帽子是誰製作的，只要商品質量好、樣式好看，他們自然會購買了。」

第三位朋友看了則說：「去掉『現金』兩個字吧！在我們這裡，很少有人會賒帳！」

於是，幾經刪除之後，設計圖上的文字已經相當精簡，只剩下「約翰．湯普森販售各式禮帽」與手繪的帽子圖。

「販售各式禮帽？」最後一位朋友看了之後，對餘下的幾個字也提出了疑惑。他說：「約翰，『販售』這個字是多餘的，因爲沒有人會指望你送帽子給他啊！」

於是，約翰將「販售」一詞刪除，然後又仔細地看著剩下的幾個字，最後把

「各式禮帽」也刪了，因爲他想：「下面已經畫了一頂帽子啊！」

就這樣，約翰的帽子店終於開張了，招牌掛出來時，上面醒目地寫著「約翰・湯普森」幾個大字，下面則是一頂新潮的禮帽圖樣，對於這個簡單明瞭的招牌，每位進門的顧客們無不稱讚有加。

聽完了這個故事，原本自負且焦躁不安的傑弗遜漸漸地平靜了下來，向富蘭克林點了點頭，表示明白了。

終於，《獨立宣言》草案在衆人們精心推敲、修改後完美撰成，如今更成爲全世界的人們傳頌不朽的民主宣言。

聽見別人的批評，你都如何因應？是怒目相向，是反唇相譏，還是心存感謝，虛心接受並默默反省呢？

從富蘭克林用來安撫傑弗遜的小故事中，我們可以看見「去蕪存菁」的過程，經過一步又一步的刪除，帽子店的招牌不僅越來越明確、清晰，也越來越具有廣告宣傳的吸引力和效果，一如美國獨立宣言草稿般。

沒有人一出手便是完美的，能集眾智總是比單打獨鬥更能把握住成功的第一時機，所以，當傑弗遜明白富蘭克林的勸諫，不僅明白了團結力量的好處，也更懂得接納批評後，自己將擁有的進步空間有多寬廣。

所以，有人說：「能聽見批評的人是幸福的，因為那不僅能讓你及時發現錯誤，及時改正，更能讓你比別人早一步踏上完美人生的階梯。」

一個人抱持怎樣心態，他就是怎樣的人；一個人表現出怎樣行爲，他也就是怎樣的人。面對批評所採取的態度，正是一個人最好的寫照，如果你想讓自己更上層樓，那麼就要先改變你對批評抱持的態度。

把中心點讓給對方站立

無論事情有多困難或有多少阻礙，懂得在第一時間捉住人心，那麼成功目標肯定已完成一半。

愈是睿智的人，愈有寬容的胸襟，樂觀、忍讓、圓融的個性，讓他們成爲眞正出類拔萃的成功人士。

日常生活中，每個人都無可避免地必須與自己不喜歡的人打交道，工作之時也會難免遭遇一些商業談判。

不要先入爲主地認爲對方很難搞，其實人心很微妙，只要採取適度退讓的態度，把中心點讓給對方，就可以達成預期的目標。

在談判的過程中，我們要把對方視爲我們成功的中心，凡事都以對方的利益爲考慮重心，並主動滿足對方的需要。

如此一來，我們才能輕易地得到對方的積極配合，也更能培養出創造共同利益的默契。

有人認爲安德魯·卡內基的成功，是靠著「重視別人的名字」這一點獨特認知而成爲舉世聞名的鋼鐵大王。

據說這個「命名」的創意最早發生在他小的時候，那時還只是個孩子的卡內基和一群孩子們正在玩耍，不久他在草地上發現了一窩小兔子。

卡內基發現小兔子似乎餓了，但是他卻沒有東西可以餵牠們，忽然他想出了一個妙方，只見他對著其他孩子們說：「只要有人可以找到食物餵小兔子，那麼我就用你們的名字來爲小兔子命名。」

孩子們一聽，立即四處找尋食物，而卡內基從中也獲得了不少啓發，特別是

在他未來的事業上。

有一年，卡內基爲了臥車生意之事和喬治．普爾門爭鬥了很久，當時卡內基的公司與普爾門的公司，爲了爭奪聯合太平洋鐵路公司的生意，雙方互不相讓，經過一番廝殺，最後竟造成兩敗俱傷的局面。

有一天，卡內基忽然想起了兒時的這段往事，於是他和普爾門在拜訪完鐵路公司的董事會後，相約在一家飯店碰面。

普爾門一踏入餐館，卡內基立即說：「晚安，普爾門先生，我想，我們還是停止爭鬥了吧！再這樣下去只會出洋相的！」

普爾門一聽，不解地問：「爲什麼這麼說？」

於是，卡內基將自己重新計劃好的事，仔細地說給他聽：「我認爲我們兩間公司可以合併起來！」

接著，他將合作後的版圖與利益詳加說明，並將爭鬥的壞處仔細分析，然後進一步希望得到普爾門的認同與支持。

雖然普爾門聽得相當專心，但是當卡內基將計劃說完後，他用懷疑的眼神問道：「那這間新公司叫什麼名字呢？」

卡內基毫不猶豫地說：「就叫，普爾門皇宮臥車公司！」

普爾門一聽，立即瞪大了雙眼，漫不經心的神情隨即變成滿臉精神的模樣。他聽到卡內基的「命名」後，立即說：「嗯，等會兒我們再到我的辦公室裡好好地討論一下！」

從心理層面來看，卡內基的成功是必然的，因爲一個懂得捉住「人心」的人，無論事情有多困難或有多少阻礙，當他懂得在第一時間捉住人心，那麼他的成功目標肯定已完成一半。

所謂「攻心爲上」，卡內基緊捉人性的虛榮心理，並退讓地以對方的「名字」作爲代表稱號時，他也很清楚地區別了兩者的內在需求不同。我們也很清楚地看見，普爾門是個名聲重於合作利益的人，而卡內基則是個尋求合作更重於名聲的聰明商人。

從中我們也很輕易地比較出，卡內基的未來將會超越每一個人的預測。

從故事中，仍然汲汲營營地追求成功的人，又得到了多少啓發？

其實，卡內基的成功定律很簡單，他只強調一件事：「想成功，就要先放開私心，退讓出紅心點給對方站立。」

聰明的人不會只看見圓靶上的那個紅點，他們知道，把紅心視爲圓規的中心定點，然後他便能劃出另一塊伸展無限的「圓」地！

只要有信心，一切沒問題

別擔心阻礙，也別害怕逆境的到來，只要你肯行動，沒有什麼事是不可能的，多給自己一些行動的勇氣和動力，生活才會有轉變。

在「人生大海」中，我們不能期望它永遠風平浪靜，我們必須學會如何在狂風暴雨當中，用自信將自己的「生命之舟」順利駛向成功的彼岸。

在一般人不敢想、不敢做的地方，總會有勇敢的人走出來實踐；在一般人望而卻步的逆境中，仍然有人能表現精湛。

奧維德曾說：「沒有勇氣過好今天的人，明天會過得更糟。」

其實，一個人的偉大，並不在於他們先天擁有什麼能力，而在於他們是否擁

有面對問題的信心和勇氣。

千萬要記住，只要用自信和勇氣去面對，一切的問題都會迎刃而解。

傑瑞被公認是好萊塢最出色的製片人和經紀人之一，許多超級明星的演出事宜都委由他處理。

有一年，傑瑞碰上了一個挑戰，因爲「貓王」普利斯萊是當時音樂界最炙手可熱的巨星，傑瑞非常想爭取成爲他的經紀人。

一天，傑瑞打電話給普利斯萊的經紀公司經理帕克，希望能和帕克簽約，讓他的公司安排普利斯萊的演出。

帕克一口就回絕他的要求，但是，傑瑞並不灰心，反而每天不斷地打電話給帕克。

儘管不斷地遭到拒絕，傑瑞都仍堅持不懈，這樣的努力終於讓帕克退一步和傑瑞商談，他要求說：「如果你能帶一百萬美元的支票來我這裡，或許我們可以談談。」

一開口就要一百萬美元，這在當時是史無前例的，但是傑瑞決心不放棄，眞的帶著一百萬美元，作爲與帕克面談的見面禮。

帕克看到支票，便用力握住傑瑞的手說：「好，這筆生意成交！」

一年後，傑瑞在全國各地辦了好幾場演唱會，每一場都非常成功。

演唱會結束後，帕克把那張一百萬美元的支票還給了他，原來帕克收到這張支票後一直放在抽屜裡。

傑瑞好奇地問他：「爲什麼沒把支票兌換成現款？」

帕克微笑著說：「我不是眞的要這筆錢，當初我只是想試試你，是否具有經辦這筆大買賣的勇氣。」

只要充滿自信，很多事情就可以改變。透過自己或別人的種種經歷，我們更能看清生命的運行軌跡就是這樣奇妙。

維爾曾經這麼說過：「現實中的挫折皆可克服，唯獨缺乏勇氣去面對的困難無法解決。」

的確，有時候，我們面對人生的困難挫折時，我們會爲自己缺乏勇氣找尋藉口，卻不願爲遇到的問題，尋找解決的勇氣。

故事中，雖然傑瑞的舉動很冒險，也因此經歷了一些失敗，但是因爲他勇於前進，爲自己創造了更多的機會。

別擔心阻礙，也別害怕逆境到來，只要你肯行動，沒有什麼事是不可能的，多給自己一些行動的勇氣和動力，生活才會有轉變。

生活雞精

不要害怕生活，堅信自己的生活是值得去生活的，那麼，你的信念就會有助於創造這個事實。

——美國心理學家詹姆斯

3.

不服輸，才能扭轉劣勢

既然不幸，就要面對不幸，
並相信自己可以改變這些不幸！
只有不服輸的人，
最後才能扭轉劣勢。

抬頭看看你的天空有多寬廣

每個人立足的基礎越來越公平，獨立自主思考的權利也越來越寬廣，除非你放棄自己，否則沒有任何人可以掌控你。

諾貝爾文學獎得主，魔幻寫實作家馬奎斯提醒我們：「生活會不斷地給人一些機會，讓人勇敢地活下去。」

在這個公平競爭的社會中，每個人的機會都很均等，即使先天條件優越，但若自負於這樣的優越感，很快地將會困守於太過自恃的囚籠中。

當布萊爾二度坐上英國首相之位，並開始改組內閣時，在他開列的名單中，再次出現了「戴維．布倫克特」的名字，這位雙目失明、由教育大臣躍入權力中樞的內政大臣，也再次成爲英國人心目中的傳奇人物。

布倫克特的殘疾是天生的，四歲之時，他便進入專門爲盲童設立的寄宿學校上課，這段寄宿生涯在他的自傳中也曾提及，然而，他在自傳中寫道：「在寄宿學校的那段日子，比在家裡糟糕極了。」

因爲這段日子，布倫克特被剝奪了隱私，也失去了家庭的溫暖，回憶起來，自然有許多難過的經歷。

布倫克特很早就學會了盲文，也很早就開始累積盲文速記和打字能力，這些讓他在成年後很順利地找到第一份工作，而這些經驗都爲他後來的從政之路，立下了很深厚的根基。

意志力堅強的布倫克特緊緊把握住生活中的每一次機會，他表現出色，以過人的毅力力爭上游，並不時地告訴自己：「我要過正常人的生活，因爲我是正常的人！」

精力充沛且勇敢的他，甚至還學會了爬樹與騎單車，連滑雪的機會也沒放過，雖然身上跌得青一塊紫一塊，更甚者還造成骨折、磕掉過牙齒。

但是，這一切都未消減他的勇氣和生命活力，他不管人們如何冷嘲熱諷，反而更加積極地參與各項社團活動，鍛鍊自己的社交能力，還主動邀請女孩子出遊、約會。

十六歲時，他加入了工黨，並成爲衛理公會的傳教士，不久他考取了謝菲爾德大學，二十二歲時，他已經是謝菲爾德市的議員了。

由於鮮明的自主觀點，與腳踏實地的工作態度，盲人布倫克特獲得了選民的廣泛支持，在仕途上越走越順暢，到了布萊爾當選英國首相後，他不僅擔任教育大臣，甚至還坐上了內政大臣的位子。

從此，沒有人注意到這位大臣竟然是位盲人，而他的實力也再次受到人們的信服與肯定。

後來，英國《太陽報》曾經這麼寫道：「布倫克特其實是個首相人才，這是極有可能發生的。」

布倫克特聽聞時嚴肅地說：「當首相？開什麼玩笑！我的意思是，我這輩子肯定當不上首相，但我認爲，總有一天會有盲人首相的出現。」

看著布倫克特積極的生活態度，聽見他突破生活「盲」點的企圖心，相信許多人也感受到他立足於「正常人」的基礎上，永不放棄的生命光芒。

在資訊越來越發達的文明現代，每個人立足的基礎越來越公平，獨立自主思考的權利也越來越寬廣，類似「別人能，你也能」這樣積極的鼓勵，也越來越受到肯定。

除非你放棄自己，否則沒有任何人可以掌控你，聽聽布倫克特在故事中告訴我們的：「我可以過正常人的生活，你更可以實現自己想過的生活，我們都頂著相同寬廣的天空，我可以乘風高飛，你也一定可以，只要你願意實踐自己的夢想！」

不服輸，才能扭轉劣勢

既然不幸，就要面對不幸，並相信自己可以改變這些不幸！
只有不服輸的人，最後才能扭轉劣勢。

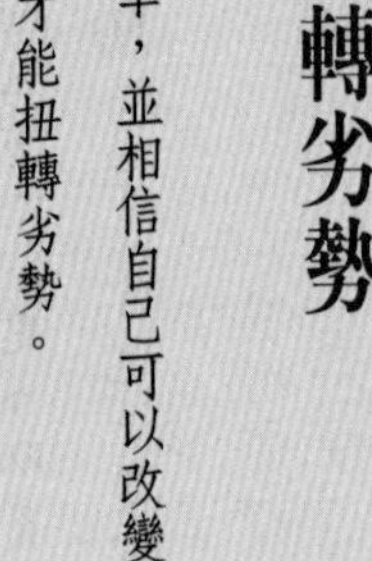

人們對於「不服輸」這三個字褒貶不一，因爲有人便是被「不服輸」害慘了，但是，也有人卻因爲不服輸，而屢屢超越自己。

這就好像走在相同的路上，有人最終走偏，有人卻能走到成功的終點一樣。凡事皆有許多面向，聰明的人都明白「不服輸」的眞義，知道那不是逞強鬥狠，而是在最困厄時候，激發扭轉劣勢、突破險境的勇氣！

拿破崙的父親爲了兒子有成，費心地將他送進貴族學校。然而，拿破崙的家境與其他學生落差極大，許多知道拿破崙背景的孩子因而經常嘲笑他的貧窮與困窘，並有意無意地在他面前誇耀家裡的財富。

自尊心極強的拿破崙面對同儕的譏諷，儘管怒不可抑，卻不能不承認事實，因爲自己的出生背景確實不如人。窮苦出身讓他無力反駁，因而他唯一能做的事是寫信向父親訴苦，「父親大人，我不想再疲於解釋我的貧困，雖然我知道他們只有財富高於我，若說高尚的思想他們則遠在我之下。儘管如此，我還是不想再面對這些富有而高傲的人了。」

「孩子，正因爲我們沒有錢，所以你更得在哪兒讀書，如果你想擺脫貧窮，不想一輩子被人嘲笑，便得堅持下去，直到畢業。」父親回信這麼勉勵他。

於是，拿破崙堅強面對人們的嘲笑、欺侮和輕視的態度，每一次他都這麼告訴自己：「我一定會讓他們刮目相看，我的成就一定會高於他們！」

能立下這樣的決心並不容易，但拿破崙做到了，他不空口自誇，也不情緒回應，求學過程中，每一步都十分小心也默默地積極前進。聰明的他還學會了利用這些沒有頭腦卻自傲的人作爲他的踏腳石，使他們成爲他獲得一切技能、財富、名譽與地位的助力。

另一方面，當其他同伴們忙於追求女人和賭博時，他則埋頭讀書，累積自己的能力，耐心等待著超越他們的那一天。

在那個非常時代，拿破崙選擇加入軍旅，這條路更加艱辛，但他卻充分發揮在貴族學校裡習得的生存技巧與耐力，更加努力累積自己的軍事實力，所有關於軍事謀略的圖書與技巧他也努力學習，等著一展所長的時機。

在軍營中，當他將科西嘉島的地圖畫出來時，當他以數學方法精準算出佈置防範的最佳座標時，長官們都讚譽有加。

身材矮小的他常被嘲笑，然而無論是被人取笑出生背景，還是後來被譏爲書呆子，拿破崙全都一笑置之，因爲他知道，所有的嘲笑總有一天會消失，因爲他的時代就要來臨了。

是的，當長官們發現拿破崙紮實的學識，也見識到他豐厚的實力後，開始分派許多重要任務給他。拿破崙自然不忘把握每一次機會全力表現，機會一次又一次地出現，他也慢慢地擁有非凡的權勢地位。

情勢開始改變，從前嘲笑他的人改以卑微的姿態出現在他面前，甚至低賤地乞求他的關愛，那些過去輕視他的人如今個個都希望能成爲他的朋友。

至於那些曾譏笑他矮小、無用的人，後來則對他充滿敬意，其中不少人更成爲他忠心的擁護者。

聰明的你想必發現了，在父親分析勸進後，拿破崙便已發憤圖強，確認了自己未來的方向。

當那些有錢子弟四處玩樂、虛度時光時，拿破崙則努力拓展他的成功道路，積極尋找發展機會，後來終於站上領導者的大位。

拿破崙的聰明與努力，當然是促成他成功的原因，但最重要的是，他擁有不服輸的心。因爲不服輸，所以他能在受盡恥辱與欺負時，積極地再站起來，重整心情，向前邁進。

試想，如果當初他因爲受不了同學們的欺負，只懂得自憐自艾，父母親也因爲心疼而允許他回家，那麼後來的歐洲歷史便不會有這麼一號英雄人物了，甚至整個歷史也將因此改變。

「既然不幸，就要面對不幸，並相信自己可以改變這些不幸！」這正是拿破崙在故事中要告訴我們的；只有不服輸的人，最後才能扭轉劣勢。

從「C」到「E」的成功技巧

不必貪求一時的興盛與風光，一切只需循序漸進，也一步步累積，每一分每一秒都用烈火焠鍊自己。

成功好像命名一樣，不少人爲了替孩子或自己找一個最具成功相的名字而絞盡腦汁，翻開大辭典，從第一個字找到最後一個字，直到名字讀來順暢，也讓他們感到希望無限時，才會放心闔上書冊。

仔細想想，成功路不也如此？不也得從東找到西，從A點找到Z點？

那些能拿下成功桂冠的人，共同的特色就是不斷地前進，不斷地尋找。對他們來說，追尋成功就如同命名一樣，沒有得出最佳結果，絕不說「停」。

達斯汀．霍夫曼是美國家喻戶曉的演技派演員，榮獲終身成就獎時，曾在頒獎典禮上提到一則讓人們難忘的小故事。

當年霍夫曼宣傳〈畢業生〉這部電影時，碰巧與音樂大師史特拉文斯基在同一個地方接受訪問，當時記者問史特拉文斯基：「先生，您能不能談一談新作品首度公演的感想？」

史特拉文斯基微笑著說：「新曲首次公開演出，便能得到聽眾們的肯定與支持，確實相當難得，但是，無論是以往還是此刻，我的心情一直都很平靜，沒有太大的起伏。」

「您不覺得這是一生中最值得自豪的時刻嗎？」記者問。

聽見記者這麼問，這位音樂大師淡淡地回答：「確實，我並不覺得此刻有什麼好自豪的！」

記者不敢置信地追問：「史特拉文斯基先生，難道您生活中還有比此刻更讓

您感到驕傲、自豪的時候嗎？」

史特拉文斯基點頭說：「是的，對一個創作者來說，只有在構思新曲時才是展現自我生命光彩的時候。回想起來，那時坐在桌前的我，可說是日以繼夜地琢磨著每一個音符，我用靈魂感應屬於這首曲子的生命之音，無論是面對哪一個音符，即便是休止符，我也一視同仁地以生命交流，目的便是希望每一首曲子都能有完整且完美的生命節奏。所以，我絞盡腦汁尋找新曲中的每一個音符，不論是『C』還是『E』，我用心斟酌，當我終於發現那個『最適宜也最重要』的音符的剎那，正是我人生中最快樂、最自豪的時刻！」

這是史特拉文斯基的堅持，也是啓發霍夫曼人生的重要談話。霍夫曼還說，當場他還感動得掉下了眼淚呢！

說著對音樂大師的感動，霍夫曼自己其實也寫締造了不少成功傳奇，好像〈畢業生〉中成功的角色詮釋，以及後來入木三分的「雨人」表現，總結他們兩人的成功因素，正是「認眞」、「用心」。

生活中，我們也不斷地從「C」找到「E」，不斷地尋找最適宜自己發展的機會，和最能展現自己才能的好方向。

不斷嘗試，不斷學習努力，爲了開創最精采的人生，我們必須不斷地摸索、探尋，即使接近人生終點，也一樣要持續下去。

誠如偉大的作曲家不眠不休的工作，只爲尋得一個最能感動人的音符；長相平凡的霍夫曼靠著努力表現，積極向上，最終也得到人們的肯定。

不必貪求一時的興盛與風光，一切只需循序漸進，也一步步累積，每一分每一秒都用烈火焠鍊自己。

即便人們此刻還不明白我們的實力，還不看不見你我的努力付出，但又何妨？等到結果烘培出爐時，一如史特拉文斯基與霍夫曼，最終人們總會聞到、品嚐到他們辛苦製成的美味成品。

擺爛只會讓你更可憐

前浪若不懂得順應風力加快速度前進，就激不起美麗的浪花，就只能等著被後浪無情地取代了。

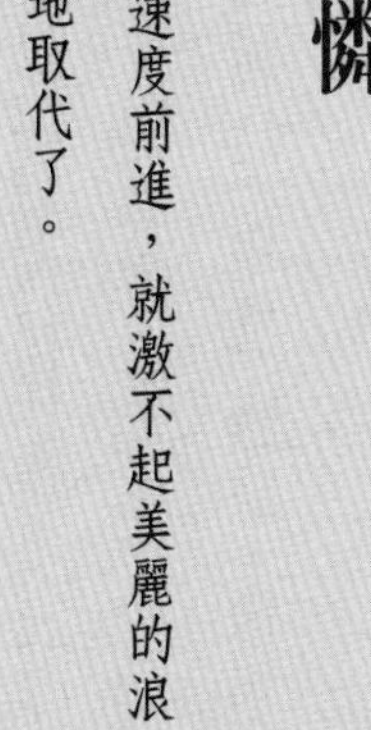

生命演變最突出的地方就是「改變」，生活演進最重要的狀態則是「成長」。改變與成長常常是一體兩面，不論我們從哪個角度切入，只要願意改變就會成長，只要願意成長就會改變。

不管想在哪個領域爭得一番成就，都要跟著時間流逝而成長、改變，並積極累積經驗與實力，同時積極突破創新，然後才能獲得突破的契機。

楊先生進這間公司時，才剛大學畢業，那年二十二歲。

在那個年代，大學生的學歷是非常少見的，公司視他爲寶貝，積極延攬進公司，並請他擔任總經理的助理秘書。

當然，他的表現也無愧於面試官的肯定，秘書之職做得十分出色，無論是寫報告或講稿，還是處理事務，都能條理分明，處理得又快又好，因而深獲主管們賞識，總經理更是對他十分禮遇。

勤學苦練了好幾年，楊先生的文筆練得爐火純青，公司裡沒有人不知道，楊秘書是個文采飛揚的寫手。

幾年後，總經理提早退休，新的總經理接任後，公司人事進行大搬風，升職的升職，被貶的被貶，楊秘書則被拔擢爲辦公室主任。

與此同時，公司也招聘了一些新員工塡補空職缺，像楊先生原來的秘書之職，便由一名剛大學畢業的新手接下。

然而，新手的文筆生硬，再加上摸不透主管要什麼，寫出的東西亂七八糟，改都沒法子改，總經理只好再請老楊幫忙。

至於他的工作，總經理只得再成立一個行政科，讓那些新人負責，好減輕老楊的工作量。只不過，聰明人都看得出來，這樣的「分擔」卻是讓原本擔任「主任」職位的老楊，再次回到了秘書的位子。

過了好幾年，新的主管與員工來來去去，周遭同事也升了又升，唯獨老楊始終坐在「秘書」的位子上，公司裡每個人一看見老楊都說：「久仰了，這個工作還眞沒有你不行。」

從此，他便成爲公司裡動也不動的秘書，同事從叫他小楊一直到改叫老楊，幾十年光陰過去，他始終在那些方格紙上度過。

看到同事們一個個職位升了又升，老楊心裡當然不是滋味。後來，每當有人恭維他是寫手時，他常恨不得把手中的筆折成兩段，當然他沒有這麼做，因爲他還是想保住「筆神」之名。

有一天，老楊聽說這麼一個故事，大意是說有個開車技術很好的司機，幾十年來都爲主管開車，從未被拔擢提升，然而後來他年紀大了，開車技術也變差了，主管便派他去做行政工作。

老楊似乎從中得到啓發，從此寫稿常常前言不搭後語，條理不清不楚，大老闆提醒他好幾次，甚至還不留情面地大聲批評他，但老楊依然故我。這時，大老闆心裡不禁這麼想：「老楊看來是老了，思想也呆滯了，公司正好要精簡一批人員，看來他也必須列入名單中。」

做了幾十年秘書的老楊就這麼被裁員，這個結局當然是他想都沒想到的。

看著老楊的表現，眞不知道該評他聰明反被聰明誤，還是說他根本就是個沒有腦袋的人？

在職場上，沒有誰是不可取代的，也沒有人可以信誓旦旦地保證這份工作沒有誰就不行，後浪推前浪時有所聞，當然也不乏發現自己不足，而加緊累積自己實力以保住職位的前輩。

職場競爭是現實的，墨守成規的人很快便會被市場淘汰，不知道自己哪裡不足的人隨時都要捲鋪蓋走路，對公司來說，沒有誰是「不可或缺」，只要一發現「不堪使用」的人，多數公司會毫不留情地請人離開。

故事中的老楊，自始至終都安命於同一個位子上，雖然有機會改變一成不變的生活，卻不求變動，好聽的「筆神」之名看起來風光安全，事實上，當身邊的人不斷地高升，不斷地累積資歷時，他只是坐在同一個位子上玩筆而已。

曾有的機會是老楊自己放棄的，後來自作聰明地「擺爛」更是他自毀前途的主因。要謹記，機會不是人人都有的，有機會變動，就不要輕易拒絕，除非自己早有新的規劃。

如果你在同一個位子上等久了，也和老楊一樣始終只做一樣的事，那麼就得重新思考你的情況，或是謹慎評估你的危機，因爲，前浪若不懂得順應風力加快速度前進，就激不起美麗的浪花，就只能等著被後浪無情地取代了。

機會只給勇於爭取的人

存在於成功者身上的重要基因，正是「勇氣」和「毅力」，勇於挑戰的人，機會必定會等待並與他一同前進，直到他成功為止！

生活中我們都會遇見難關，也隨時都會碰到困難，但無論事情多麼棘手，一切終究都會過去，成功的機運也始終都掌握在你我的手中。

套句電視主角的口頭禪：「氣勢就在我這邊！」意思是說，只要我們有信心，再艱困的難關都一定會被我們的氣勢所逼退，只要我們有自信，成功的機會必定會站在我們這邊。

卡羅・道恩斯原本是在一家銀行工作，捧著人人羨慕的金飯碗，然而，他後來卻放棄了，他說：「在這裡，我無法充分發揮自己的才華。」

於是，他毅然地離開銀行，隨後走進了杜蘭特公司，也就是後來名揚天下的通用汽車公司。

在新的工作環境中，道恩斯努力奮鬥了半年之後，爲了進一步了解自己的才能，便寫了兩封信給杜蘭特老闆，希望從對方的回覆中，了解自己的工作表現，也明白公司能給予的發展空間。

然而，杜蘭特並沒有兩封信都回，他只回應了道恩斯的一個問題：「我有沒有機會擔任更更重要的職位，做更重要的事？」

只見老闆在這個問題下批示：「現在，我將任命你負責監督新廠機器的安裝工作，但不保證升遷或加薪。」

道恩斯接受新的工作命令，但是在他手上的，只有杜蘭特給的一張施工圖。杜蘭特對他說：「按圖施工，就看你能做到什麼程度了。」

也許，對看得懂這張圖的人來說，這只是件小事，然而對從未接受過相關訓練的道恩斯來說，看著完全陌生的圖紙，還要在短時間內完成施工，確實是件非常困難的事。

但是，道恩斯心裡明白：「這是一個千載難逢的機會，如果我就這麼退縮了，恐怕就再也沒有機會了。」

於是，他重新調整好自己的心理，開始認眞地鑽研施工圖，並找到相關人員一起合作、研究，很快地，他便學會了掌握工作的重點與脈絡，還迅速地提前一個星期完成了這項任務。

這天，道恩斯來到杜蘭特的辦公室，準備向他匯報工作時，卻吃驚地發現，緊鄰杜蘭特辦公室的房間，門牌上竟寫著「卡羅·道恩斯總經理」！

忽然，杜蘭特打開了門，笑著對他說道：「從現在開始，你正式升任爲總經理，薪水部分，則在你原來的底薪上，多加一個『○』。」

道恩斯不敢置信地遲疑著：「這……」

杜蘭特接著說：「我是故意要交給你那些圖紙的，我知道你看不懂，不過我想知道，你將如何處理。你果然沒讓我失望，原來敢於要求更高薪水與職位的你，

眞的更勇於挑戰困難，挑戰自己，所以我相信，你必定是個優秀的領導人才！機會總是眷顧那些能鼓起勇氣並主動出擊的人，相信這一點，你必定比我明白。」

你對自己的能力有多少認知？

對於自己的實力，你又有多少信心？

我們不妨試著與道恩斯轉換角色，換作是你，你會怎樣面對、處理？

知道自己的能力所在，也相信困難終究會過去，那麼我們便會明白道恩斯在故事中所帶給我們的啓示：「再困難都要勇往直前，因為機會就在你的手中，一放棄就再也沒有機會了。」

我們都知道，存在於成功者身上的重要基因，正是勇氣和毅力，就像杜蘭特在道恩斯身上看見的：「勇於挑戰的人，機會必定會等待並與他一同前進，直到他成功為止！」

用智慧度過每一個難關

我們需要勇氣與智慧迎戰生活中的每一項難關。只有智慧和勇氣能讓人更勇於迎戰命運，更堅強地面對命運之神的玩弄。

遭遇生活難關，有人哭哭啼啼抱怨生活的困境，有人則是面帶微笑、心懷感謝地走過，不知道你都是用什麼樣的態度面對？

爲了活得更好，每個人都費盡心思，用勇氣與智慧爲自己爭取生活中的各種機會，然而卻常因爲偶遇的挫折與危難，拒絕繼續努力。

其實，挫折往往是人生的轉折，再給自己一次機會又何妨？

放棄之前，不妨這麼告訴自己：「都已經給自己那麼多次機會了，爲何不能給自己一次機會，走過難關！」

古希臘神話中的底比斯人，曾因得罪了天神赫拉，而被女神狠狠地報復。當時女神大怒，決定好好懲罰底比斯城的人，命令有著人面獅身的司芬克斯到底比斯城外的山崖上站崗，想進出城的底比斯人民，必須通過司芬克斯的考驗，否則就會被吃掉。

司芬克斯有著老鷹翅膀、獅子的身軀與可怕的蛇尾，那雙如火炬般的眼睛，令人們嚇得正眼也不敢望去。

「你們聽好了，有種動物早晨用四隻腳走路，中午用兩隻腳走路，晚間用三隻腳走路，這是萬物中唯一會用不同數目的腳行走的動物。給你們一個提示，當他使用的腳越多時，速度和力量也就越小。」司芬克斯大聲地對每一個路過山崖的底比斯城人民說。

這個難題考倒了底比斯人，路過底比斯城的人一個個被斯芬克斯吃掉，直到底比斯國王之子伊底帕斯出現時才有了轉機。

這天，伊底帕斯正巧路過此地，也遇上了女妖，女妖說：「解開謎題你才能進城，否則，你就得心甘情願地成爲我的點心。」

沒想到伊底帕斯聽見司芬克斯的話時，竟然笑著回答：「好，那你仔細聽了，我的答案是『人』。人在生命的早晨，是軟弱且無助的嬰孩，會用四隻腳行走；在生命日正當中時，則用兩隻腳走路；到了生命晚景，他便得尋求扶持，此時則會多出一根拐杖，做爲他第三隻腳。」

「啊！」聽完伊底帕斯的答案，司芬克斯驚叫一聲，接著便從陡峭的山崖邊墜落死去，因爲謎語被猜中了。

在伊底帕斯解出答案前，你是否已想到「人」這個答案了呢？

雖然我們聽多了勇氣與智慧的重要性，但似乎沒有多少人達成這兩個目標。

雖然伊底帕斯王之後被無情的命運作弄，落得雙目失明又被流放的悲慘下場，但

當他面對困難時，充滿勇氣與智慧的作爲，使他的故事流傳千古。

其實，解謎題和解決生活難題一樣，有題目就一定會有答案，只是，能解出答案的人，往往要比別人更用心思考，也比別人有更冷靜的腦袋。

挫折並不可怕，可怕的是失去智慧和勇氣。好像故事中的伊底帕斯，必須具有智慧勇氣與獨到見解，才能難解救底比斯城中的子民，我們不也需要這樣的勇氣與智慧迎戰生活中的每一項難關？

只有智慧和勇氣能讓人更勇於迎戰命運，更堅強地面對命運之神的玩弄。

冷靜思考，輕鬆解題

到問題時，要先保持冷靜，才能想出最好的解決辦法；發現問題，要越簡單思考，才能越容易看見解決的辦法。

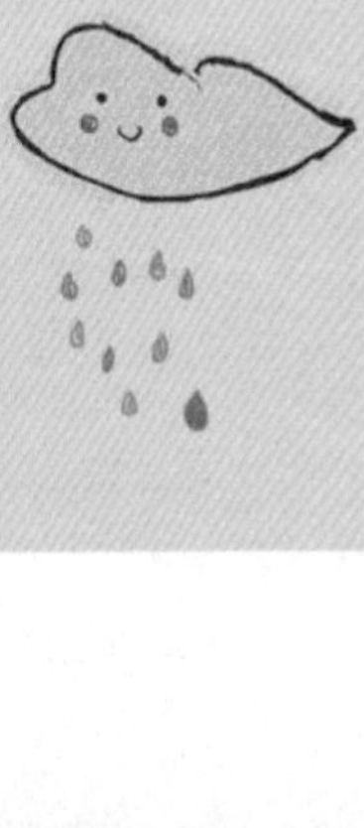

我們都知道，情緒是解決不了問題的，所以遇到麻煩時，要先保持冷靜的情緒，才能耐著性子把問題抽絲剝繭，一一解開。

雖然能冷靜處理事情的人不多，但只要我們願意慢慢訓練自己，漸漸養成習慣，總會成爲那「不多」裡的聰明人之一。

農夫打掃完馬廄，發現他最心愛的懷錶不見了，連忙回到馬廄仔細翻找，但找了半天，卻始終不見那只懷錶。

農夫著急得眼眶泛紅，因爲那只懷錶對他有著特殊意義，是他老母親留給他的唯一遺物。丟失遺物，讓農夫一時間六神無主，恍神地走出馬廄，正巧撞上在馬廄外玩耍的孩子們。

「您怎麼啦？」孩子們發現農夫神情異樣，關切地問道。

農夫看著這些孩子，心想自己老眼昏花，孩子們的眼睛肯定比他銳利，或許可以幫他找到懷錶，於是便向孩子們說：「麻煩你們幫我一個忙，只要你們誰能幫我找到懷錶，我就給他一美元。」

孩子們一聽有獎賞，一窩蜂地跑進馬廄四處翻找，但找了一段時間後，一個個帶著失望的神情走出馬廄，嘟囔著說：「根本找不到啊！」

農夫點了點頭，說：「謝謝你們。」

就在農夫決定放棄時，有個孩子悄悄地對他說：「我想再進去找一次，不過，這一次只能讓我一個人進去，好嗎？」

農夫望著他，點了點頭，但心裡想的卻是：「大家幾乎快把馬廄翻了過來，還是沒能找到，他再進去也是一樣吧！」

雖然農夫心裡不抱希望，但還是讓孩子進去，並在馬廄外等待他出來。只是，等了很久卻還不見孩子出來，眼看就快要下山了，農夫不想再等了，帶著失望，正準備轉身離開時，那孩子卻忽然大喊一聲：「找到了！」

孩子拿著懷錶跑出來，農夫一看，果真是老母親留給他的那只懷錶，不禁驚訝地問：「你是怎麼找到的？」

「我走進馬廄後，便靜靜地坐在地上，耐心等待四周安靜下來。慢慢地，我開始聽見滴答滴答的聲音，然後我便循著那個聲音找尋，最後就讓我找到了！」孩子開心地把懷錶交給農夫。

農夫點了點頭，接著拿出一塊錢給這個聰明的孩子，「這是你應得的！」

這則故事再次證明「冷靜」果然是解決問題的不二法門，不論農夫慌張著急地重回馬廄，或是一大群孩子鬧哄哄地在馬廄中翻找時，我們看見的只是毛躁與慌忙處事的情況，最後當然也得不出什麼好結果。

小男孩來到農夫面前，冷靜請求獨自一人進入馬廄找尋失物時，我們也預見了農夫尋回失物時的歡喜。

將這則故事與我們的生活連結，不難發現現代人最缺乏的便是這種冷靜行事的智慧。一發生事情，除了本身情緒紛亂之外，還要製造混亂，只會用慌張的情緒面對問題，不是越鬧越讓問題變得複雜難解？

遇到問題時，要先保持冷靜，才能想出最好的解決辦法；發現問題，要越簡單思考，才越容易看見解決的辦法。

堅持到底，自然能抵達目的地

成就沒有想像中那麼易得，但成功也不是那麼困難，只要秉持「堅強」與「堅持」的信念，路總會照著我們的計劃，鋪設到目的地。

成功的腳步少一步都不行，成功的意念一刻也不能停歇，想擁抱成功的人生，我們隨時隨地都要告訴自己：「一步接一步，自然能成功圓夢。」

所以，別急著三步併做兩步，那只會讓我們跌倒的次數變多，急躁只會讓我們忽略陷阱，因而更容易遭逢失敗的危機！

還未滿二十歲的李嘉誠志氣很高，不願接受父執輩的安排和幫助，堅持要靠自己的實力闖天下，這個決定充分展現出他獨立、自信的性格，這也正是他邁向成功，成爲華人首富的主因。

穩健且不浮躁的工作狀況是他的特色。他原先的目標是銀行業，但第一步走得並不順利，最後只得到餐廳工作。他胸懷大志卻也安分認命，總是對自己說：「成大事本來就是從小事做起，然後自然能一步步邁向理想目標。」

在這個人潮衆多的餐廳中，他額外爲自己安排了一門觀察課程，每天都要猜測顧客們的籍貫、年齡、職業、財富、性格，然後再找機會一一驗證。接著，他還要求自己揣摩客人們的消費心理，學會如何眞誠待人又投其所好，讓客人們能花錢花得很開心。

在這份工作中，他一步步累積經驗，知識也在努力閱讀學習中得到提升。一段時間後，他選擇進入舅父的鐘錶公司當學徒，學習能力極佳的他，很快便學會了鐘錶的裝配及維修技術。

鐘錶店始終不是他的目標，十七歲時他毅然辭別舅父，出外開始創辦自己的事業，雖然屢屢失敗，甚至好幾次都陷入困境，但他的志氣從未被消磨掉。他穩住自己的情緒，踏實地一步一步往前走，直到創建了塑膠工廠。

之所以選擇塑膠業，是長久觀察得出的結果。他認為這是一個機遇，因為未來的世界正朝著這個化學工業大步邁進。結果真如他所預期的，這種審時度勢的判斷力確實讓人佩服。

有一年，李嘉誠到歐美拓展市場時，又碰到一個十分難得的機會。當時，有位歐洲批發商因為李嘉誠公司的產品價格低於歐洲產品而來找他合作。

不過，這項合作有項但書，批發商面對一個機制還不成熟的公司，始終有些擔心，為求保險，他們向李嘉誠提出合作意願，但另外又要求他必須提出實力雄厚的公司或其他人的擔保書。

面對這個銷售點遍及歐洲主要市場的批發商，李嘉誠當然不願放過這個機會，但是公司處於草創階段，他實在找不到願意擔保的人。

「只要有一線希望，就要全力爭取！」李嘉誠堅定地告訴自己。

於是，他不再到處找人擔保，因為他要讓對方知道，他的產品就是保證！

和設計師通宵工作後，公司的團隊終於以誠意與用心，贏得了對方的認同與肯定，最後在沒有任何擔保的情況下，簽下了第一份合約。自此，李嘉誠正式打入歐洲市場，展開更龐大的事業。

「大事本來就是從小事做起，然後自然能一步步邁向理想目標。」

從這句話便足以看見李嘉誠的成功遠景，其中不僅說出了他的處世態度，也清楚點明了他的執著不懈。

從小塑膠廠老闆到商界巨人，從小事開始，一步步累積經驗，李嘉誠這位商界奇才和所有成功人士一樣，都是靠著堅定的意志積極向前邁進。一路走來他們不靠投機，唯有腳踏實地，就算偶爾出現的好運氣，也一樣用實力保住。

人生到處是挫折和考驗，他們的成就沒有我們想像中那麼易得，但也說明了，想成功並不是那麼困難，只要秉持「堅強」與「堅持」的信念，路總會照著我們的計劃，鋪設到既定的目的地。

4.

現在就是你開始的最好時機

只要繼續努力，夢想希望一定可以實現。
人生任何時候都是最好的開始，
年齡絕不是退縮的藉口，
更不是勇氣降低的理由。

在人生的道路上，沒有人不帶傷

仔細回想，誰不是經歷了跌倒、疼痛後才展開自己的人生？給自己一個堅強的新容顏，勇敢面對生命中層出不窮的失意、挫折。

走在路上，我們難免會摔跤，因爲長長一條道路並不易鋪平，再加上我們的慌張與不小心，難免會在凹凸不平處跌得渾身是傷。只是，心疼自己身上的傷痕時，我們除了怨天尤人，還有什麼事可以做呢？

當然有了，我們可以要求有關單位把路鋪好，更可以由我們自己親手將那些讓人摔跤的凹洞塡平，並再一次叮嚀自己：「走路要看路，凡事謹愼小心，才能走得平順又安穩。」

英國勞埃德保險公司曾在拍賣市場上買了一艘破船，這艘船一八九四年下水，在大西洋航行時曾經有一百三十八次撞上冰山的紀錄，還有一百六十六次的觸礁經驗，期間還遇上祝融十三次，並被風暴扭斷桅桿二百零七次。

雖然這艘船遭遇這麼多危險，但是始終都沒有沉沒。

勞埃德保險公司基於它的不可思議經歷，以及在保險方面可以帶來可觀收益，最後決定把它買來捐給國家，現在這艘傷痕累累的船就停泊在英國薩倫港的國家船舶博物館裡。

保險公司的這個捐助動作，後來甚至還影響了一個失意的觀光客，也是因爲這個觀光客，讓船舶博物館裡的船隻從此聲名大噪。

這名觀光客是位律師，當時他剛打輸了一場官司，不久之後他的委託人竟選擇自殺，雖然這不是律師的第一次失敗，也不是他遇到的第一次自殺案例，然而每當遇到這類情況時，他心中總會出現沉重的負擔，甚至是罪惡感。

「唉！我到底該怎麼安慰那些失意人呢？」律師苦惱地想著。

站在薩倫船舶博物館前，律師心中還是充滿煩惱，直到走到那艘歷經各種苦難的「破船」，仔細地看完了船的歷史，突然間眼神爲之一亮，心想：「我應該建議他們來看一看這艘船！」

接著，他把這艘船的歷史抄寫下來，並連同這艘船的照片一塊兒掛在他的律師事務所裡。從此，每當委託人請他辯護，無論輸贏，他都告訴他們：「別氣餒，你們先去看一看這一艘船，之後再回來找我談談吧！」

結果如何？

結果成效非凡，因爲每個人最後的結論都是：「它讓我們知道，在大海中航行的船，沒有一艘是不帶傷的！」

「在大海中航行的船沒有不帶傷的」，把這句充滿深刻體物的話與你我的人生連結，不也可以這麼說：「在人生道路上沒有人不帶傷的！」

其實，仔細回想你我的人生，誰不是經歷了跌倒、疼痛後才展開自己的人生？其中，甚至不乏有人出生之時便經歷了生死關頭，因而從此開啓了與衆不同的人生過程。

重新再站起來並不難，看一看傷痕累累的船身，再對照我們淚水淋漓的臉龐，你是否有新的啓發呢？

韋斯曾經寫道：「挫折決定你的人生是否能在困境的時候發生轉折。」

一個不曾遭遇挫折的人，遇到困境的時候，通常會不知所措，但是一個曾經經歷挫折的人，在面對困境的時候，卻會越挫越勇。

因爲，這些曾經遇過挫折的人，懂得將在挫折之中所產生的「抗壓力」，用來做爲克服困境的原動力。

失敗一次，不代表一輩子再也沒有成功的機會。從現在起，不妨擦乾眼淚，給自己一個堅強的新容顏，勇敢面對生命中層出不窮的失意、挫折。身上的傷總有癒合的時候，在那之後，便是我們靠自己的意志力重生的時刻！

「人和」是經營團隊的第一要件

實力堅強不代表可以目中無人，團隊生活中，最重要的不是辦事能力，而是與人的溝通能力。

團隊合作當然比一個人孤軍奮戰更容易取得勝利，若是人心各異，如何能使團隊發揮成效？

我們不要妄自菲薄，也不能傲視一切，對人始終要謙虛交往、誠意溝通，用自己的積極與肯定帶動別人。希望擁有一個充滿和善與活力的團隊或社會，便得從我們自己跨出這一步。

凱麗是某家化妝品公司的行銷人員，臉蛋長得非常漂亮，口才也很好，因而在部門裡的業績總是遙遙領先其他同事。

雖然在這個部門裡大都是與她年紀相仿的女孩們，但是她卻從來都不與同事們交流往來，總覺得：「那些人的素質和我相差太多了，拉業務時聽她們嗲聲嗲氣的就讓人作噁，而且她們那樣費力賣弄風騷，業績還不怎麼樣！」

打從心底瞧不起她們的凱麗，暗地裡經常對其他友人這麼說。

不久，她們部門的經理跳槽到另一家公司，公司要重新物色一名經理來接管部門，表現優異的凱麗自然是最熱門的人選之一。

董事們正在開會中，其中一名董事便說：「這幾個人的工作能力肯定沒有問題，不過現在選的是經理，不僅要有好的業績，更要善於與人溝通。經理畢竟是團隊的主管，要有組織大家共同創造的能力，還要是大家都信任而且願意服從的對象。」

於是，董事會決定以民意爲基礎，讓行銷部門的員工自行票選經理，結果是一名最被凱麗看不起的女同事奪得經理位置。

總票數出來時，凱麗十分尷尬，因爲她的票數只有二張，一張當然是她自己投的，至於另一張，後來那個投票的人解釋說：「因爲我有閃光啦，竟然把3看成了8了！」

在這幽默的結局中，我們不難感受到凱麗挫敗之後的羞愧，然而這個恥辱，其實也是她自己造成的。

實力堅強不代表可以目中無人，團隊生活中，最重要的不是辦事能力，而是與人的溝通能力啊！

現實生活中，不少人也和凱麗一樣，常不明白爲何自己能力非凡，卻始終坐不到主管位子。

其實，原因很簡單，這則故事很清楚地告訴我們：「想成為領導人物，最重要的不是你有多少本事，關鍵在於你是否有凝聚人心的能力。」

反觀凱麗，徒有好能力，待人接物時卻總是表現出傲慢的態度，不知道團體合作中最重要的團隊精神，總想獨佔功勞，也經常自以爲自己才是最重要的，不懂與人分享成就，也不知道分工合作，試想，有誰願意與她合作？

肯溝通，明瞭「人和」，才是最佳的領導人才，這應是凱麗最後得到的啓發。那也盼望著能坐上主管位子的人，是否也明白了「人和」的重要呢？

逐步累積，必能到達目的地

只要我們確定計劃，一步步認真累積前進的步伐，也懂得適時休息，一定能如期走到夢想中的目標。

沒有人理應過貧窮的生活，只要我們整理好自己的心態，只要我們有決心改變，生活就一定能看見改變。

因爲，每個人都能突破眼前的困厄，每個人都能選擇過自己想過的生活，前進的路也許不容易，但是一步一步累積總能達到！

二十六歲時，戴維斯忽然失業，再一次得過著挨餓的生活。在此之前，他曾在利物浦、伯明罕、曼徹斯特等地流浪，當然也嚐盡貧窮與饑餓的滋味，因而身旁的人認爲，他應該能適應眼前的困境。

但事實並非如此，如今身處繁榮的倫敦，失業的情況讓他備感壓力。戴維斯實在不知所措，他自知：「我的能力有限，恐怕很難找到工作吧！」

有一天，戴維斯在大街上碰見一位紳士，曾經在小報社工作過的戴維斯，一眼便認出這人是英國著名的經濟學家恩里克，他的第一份工作便是採訪他。戴維斯看著眼前的偶像，心想：「他應該忘記我了吧！」

沒想到，恩里克看見戴維斯時竟說：「嗨！你叫戴維斯吧？工作忙嗎？」

戴維斯瞪大了眼，旋即想到恩里克的問題，他實在不知道要怎麼回答他，只得含糊道：「嗯，還好。」

「這樣嗎？我就住在第二十八號大街，就是百老匯路轉角的一間旅館，要不要與我同行？」他問戴維斯。

「二十八號大街？離這有點遠耶！」一大早起來到現在已經走了五小時的戴

維斯，早就累得想坐下來，或躺在公園椅的子上休息一下。

「遠？是誰告訴你這裡離我住的旅館很遠呢？其實，只要走過幾條馬路就到了。」恩里克說。

「好，我跟你去，真的不遠嗎？難道我記錯了？」戴維斯懷疑地問。

「朋友，我沒有說要回旅館吧！我是想到第四十九號街的一家射擊遊樂場走走，那個地方挺不錯的。」恩里克說。

果然如恩里克所說的，他們只走過幾個路口就到了射擊遊樂場。這時，恩里克忽然說：「還是到別的地方吧！」於是兩人起身離開。

接著又對戴維斯說：「現在，只要再過十五個馬路口就到倫敦戲院了。」

戴維斯不解地偏著頭，忽然有種被耍的感覺。不久他們來到了倫敦戲院，恩里克說：「等一等，我想看看那些買票的觀眾都是些什麼人。」

「走吧！我的困惑已經解決。」幾分鐘之後，恩里克走出來對戴維斯說。

就這樣，他們兩人走走停停，又走過了二十個路口，來到百老匯路口！

這一天，戴維斯所走的路比平時上幾十倍，往常在這個時候，他早已筋疲力

盡，但奇怪的是，走了快一整天，卻一點也不覺得累。

最後，兩人終於走到了旅館，恩里克這時笑著對戴維斯說：「不會很遠吧？走吧！一起去喝杯咖啡，如何？」

戴維斯點了點頭，這時恩里克對戴維斯說：「朋友，今天走過的路，你可要牢記在心中啊！」

「這是生活藝術，也是生活教育，無論你與你的目標距離有多遙遠，請別擔心，一開始你只需要把精神集中在前方八條街口那兒，距離很短，容易接近，然後接著一次前進一點點，千萬別對那個遙遠的未來目標感到困惑，因爲那只會使你煩悶、擔心，甚至是失望啊！」恩里克說。

十年之後，那些他們一同走過的馬路和街景全變了樣，但恩里克說得那個生活哲學，卻一直深深地影響著戴維斯，更無形中幫助著他走過好幾個難關，突破了好幾次生活困境。

有兩句話我們都很熟悉，一是「好像很遠吧」，二是「恐怕很難吧」。

的確，每當有新的課題出現在我們眼前，大多數人心中最常出現的，極少是肯定的語句，反而總是出現一個又一個的問號，時而懷疑自己的解決能力，時而只找藉口推託，但繼續逃避下去，對我們又有何益？

生活是一門藝術，懂得從美麗角度欣賞不同藝術品的人，自然知道怎麼縮短成功的路程，知道選取解決難題的最佳角度。

想著「一百里路」當然遠了，但若是想著先走完「一里路」，壓力自然就減輕許多，目標也變得容易達到。

每件事都要條理分配，每天累積的步伐也要有所規劃，不要要想一步登天的事，也別再逞強執著於一口氣完成的奇蹟，那只會讓自己更容易受挫，更容易失去自信心。

能累積一步是一步，只要目標確定，那個目標就不會遠離我們的視線，接下來，只要我們確定計劃，一步步認真累積前進的步伐，也懂得適時休息，如此，一定能如期走到夢想中的目標。

有好的態度才會得到好的機會

不知道謙虛學習的人，對公司來說始終都是一個負擔。若是自恃高，不願與人協商溝通，就很容易犯下錯誤的行為與決定。

找工作不難，難在我們不知道調整好自己的態度去爭取、把握機會。很多時候，我們失去機會的原因，不是因爲人事的現實，而是我們在工作中不自覺的輕忽怠慢與自以爲是的態度。

所以，在質問別人不給機會前，請先問一問自己：「我有什麼本事拿下那個機會？又有什麼資格可以不必經過努力累積便坐上那個高位？」

他是一位擁有博士頭銜的亞裔留學生，畢業後決定留在美國工作。

然而，這頂高學歷的皇冠卻成了他的阻礙，比起一般大學畢業的新鮮人，他的機會卻少上許多。

原因便在於他把皇冠擦得太亮了，還讓它閃耀出刺眼的光芒，無怪乎面試官們一個個都受不了他的「光芒」而拒絕深談。

「又一個不識才的傢伙！」這天，面試又遭到婉拒，這名博士對著朋友氣呼呼地吼叫著。

友人忍不住嘆氣說：「你這樣怎麼找得到工作呢？非高職位不幹，職位稍低，你就說人家看不起你，你可別忘了，你什麼經驗也沒有，有什麼資格向人提出那麼多要求呢？」

「我是博士耶！」這位大博士說。

「博士又怎麼樣？初出社會，誰都是平等的。高位子得要慢慢堆疊上去，你

才能坐得平穩啊！」友人說。

聽完朋友的話，他回到家中想了一夜：「是啊！我一點經驗也沒有，憑什麼提出那麼多要求！先進門，再談其他吧！」

第二天早上他來到職業介紹所再次填寫個人資料。這一次，關於他的博士學歷，關於他應得的薪資待遇都沒填寫，因爲他決心要從低處爬起，並要創造讓人眼睛爲之一亮的驚奇！

過沒幾天，他接到通知，總算被錄用了，職位是「文書處理員」。雖然這職位對一個博士來說，根本是大材小用，不過他很清楚這份工作得來不易，況且既然決定給自己一個新的開始，其他的就不再多想。

經一段時間的互動接觸後，老闆慢慢地發現：「這個年輕人能力很好，會不會我看錯了他的資料，把他擺錯位子呢？」

有一天，老闆對他說：「你的能力遠超過了一般高職生啊！」

博士笑了笑，接著亮出他的學士證書，老闆明白地點了點頭，還當場給他一個更適宜這個學位的職位。

然而，又過了幾個月，老闆覺得他比一般的大學生還要能幹，因爲他時常提出許多獨到的見解，這時他再亮出碩士證書，當然職位隨即再次被調升。等到他亮出博士證書時，老闆更破例請他到家中吃飯。在老闆盤問下，他終於說出隱瞞的原由。

第二天一上班，老闆立即當衆宣布他的新職位，「從今天起，他就是本公司的副總經理。」

類似的故事在我們身邊不斷地出現，刻意隱藏學歷的人也越來越多，其中有像故事中主角以低掩高的情況，當然，也不乏以假學歷遮掩低學歷的情形，只是學歷眞有那麼重要嗎？

從故事中，想必聰明的你已經發現問題的重點，機會之所以錯過他，只有一個原因，那便是他的「態度」。現代社會中，不少高學歷的人找不到工作的原因，其實都和故事中的博士一樣，頂著高學歷的光環，事事眼高手低，求職的態度傲慢，因而讓面試官心生不悅，不願讓他們加入。

再試著從公司的角度想想，不知道謙虛學習的人，只會停留在某個層次，對公司來說始終都是一個負擔。無論本事有多好，若是自恃過高，不願與人協商溝通，就很容易犯下錯誤的行爲與決定，最終損失的不只是個人，有些時候還可能會影響一間公司的存亡。

因此，老是找不到工作的人，不妨回頭仔細反省一下自己的求職態度與工作態度是否正確。別忘了，團隊之中沒有人是絕對高高在上的，再有本事的人仍有不足處，只要我們能以謙和的態度面對，懂得尊重與服從上司，自然會得到更多揮發才能的空間與機會。

現在就是你開始的最好時機

只要繼續努力，夢想希望一定可以實現。人生任何時候都是最好的開始，年齡絕不是退縮的藉口，更不是勇氣降低的理由。

作家毛姆曾經寫道：「一經別人打擊，就喪志失意，甚至放棄努力的人，永遠是個失敗者。」

日常生活中，我們最常犯的錯誤，就是拿別人的評價來增添自己的困擾，消耗寶貴的時間和精力，久而久之，不但活在苦惱之中，也使得自己變得越來越缺乏自信。

被人瞧不起的時候，千萬不要對未來感到悲觀和沮喪，反而要更加努力，把眼前的際遇當成是希望來臨之前的曙光。

二十多歲才到美國的海茵絲，只受過六年的基礎教育，因此，無論在表達能力上或是英語會話，都非常糟糕。

一想到自己在美國的競爭實力如此薄弱，海茵絲更加積極學習，她知道年齡不會是學習的阻礙，只要肯用心，一定可以在這個競爭激烈的國度裡走出自己的一片天。

一開始，她找了一份幫傭的工作，從中開始學習基本的會話能力。

五年後，海茵絲的英文能力不僅提升了，銀行裡也有了一筆積蓄，這時她決定將兩個孩子接到美國一同生活，然而，就在她準備回國帶孩子過來之前，卻爲了繳納稅款而耗光了所有積蓄。

在不得已的情況下，海茵絲只好暫時擱置接孩子們到美國的計劃，繼續努力工作，三年後她總算有能力帶孩子過來了。

一直從事傭人工作的海茵絲，從來不因爲自己的工作而感到自卑，反而積極利用閒暇時間學習，其中還包括她夢想的醫學。

當教育程度檢定證書頒下後，海茵絲立即來到當地的大學報名，因爲她希望能早日實現心中的夢想。只是，人生難免會有些阻礙，由於她受教育的情況有限，校方不願意錄取她。

海茵絲了解情況後，只說：「好，我一定會補齊所有證書。」

成功企圖心相當強烈的海茵絲，很快地便拿到A級畢業證，接著便積極地洽詢各地方醫學專業學校，然而，無論她走進哪一間醫學院，每一所學校的答案都是：「對不起，您已經四十歲了，年紀似乎有點大了！」

然而，對海茵絲來說，年齡當然不應該是成功的阻礙，即使沒有人願意幫她，她仍然堅持努力下去。

後來，她終於遇見願意幫她圓夢的人，約翰·霍普金斯大學的主任看了她的成績，也了解她整個奮鬥過程，決定錄取她，並全額補助她的學費，好讓她能安心地學習研究醫學。

人生的最佳時機是在什麼時候？

有人會說越年輕越好，也一定有人會說雙十年華最佳，當然也有人會認爲等年紀大一點後再說，但是不論哪一種看法，目的都是爲了找到人生最好的開始時機，而最終目標也都是爲了能達到成功未來。

只是答案如此分歧，似乎反而更讓人困惑，畢竟分屬不同年齡層的你我，不管選取哪一個答案，還是會遇到不同程度的侷限，那些不只是年齡問題而已，還包括了能力與實力等等的囿限。

這些問題，其實也發生在海茵絲的身上，只是她爲何仍能成功呢？

原因很簡單，因爲面對「人生最佳時機」這個問題時，在海茵絲的心中只有一個答案，那便是「現在」兩個字！

即使是一眨眼便來到四十歲的人生分水嶺，她也從未考慮退縮。爲了讓夢想實現，她一步步地緩慢累積，即使花費了比一般人還多的時間，她也從未悔後過，更從未有過埋怨與放棄的念頭。

因爲她知道，只要繼續努力，她的夢想希望一定可以實現。

正是憑藉著這樣無比堅強的決心和毅力，讓已經四十歲的海茵絲，仍能堅定意志繼續向前進。

雖然海茵絲不斷被人們拒絕，但故事中充滿了鬥志與企圖心的她，始終都相信自己一定會成功！

人生任何時候都可以是最好的開始，年齡絕不是退縮的藉口，更不是勇氣降低的理由，只要不選擇閉上眼睛，我們就一定能打開自己人生的窗口，看見成功的未來。

有眞心就會遇見眞朋友

問別人能不能真誠對待前，不妨先問一問自己是否願意真誠付出。想得到人們的真心交往，別忘了先展露出自己的誠心。

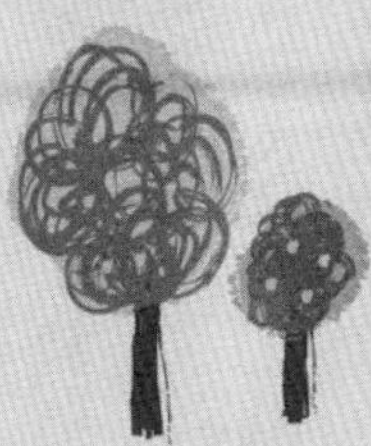

成功者在回顧人生時，最常想到的並不是功成名就後的安穩生活，他們最常憶起的，常常是「大家同甘共苦的那段日子」。

在最沒有利害關係時在一起的朋友，的確最讓人懷念。在那個只有扶持沒有計較的時候，一杯熱茶就能支持我們度過一整個冬天，一顆救命饅頭便能讓我們得到一輩子的力量。

某座城裡住著一名家財萬貫的富翁，但他不是一出生就如此富有，小時候他的家境其實十分窮困，過節時，多數孩子們擁有的新衣、壓歲錢或炮竹等等，全與他無緣，他唯一擁有的，便是從小與他分享一切的同伴們。

對他來說，小夥伴們無私眞誠的幫助是最珍貴的寶物。那時，他與朋友們小手牽小手、有糖果分糖果，不管大家手中有多少東西，都少不了他一份。

「在別人眼中，我的生活是最匱乏的，但事實上，我是最富足的！」富翁經常這麼對家人說。

這時，富翁離開家鄉已三十年了，在這段時間裡，世界上有許多事情都變了樣，當年的窮小子已成富翁。經過三十年的奔波勞碌，富翁越顯穩健、精明且魅力非凡。但是，不管世界怎麼變，他始終懷念當年的「單純」與「眞摯」。

於是，富翁決定回鄉探訪。他走遍全村，感謝叔伯的幫助，更感謝兄弟姐妹們爲他分擔照顧父母的責任；他送遍禮物，「謝謝」聲更是一聲接一聲。

夜裡，富翁在住家擺桌宴客，來赴宴的全是當年和他一起光著屁股長大的玩伴們，如今他們一個個也步入中年了，人人手裡都帶著禮物出席，更熱烈地談論著彼此現今和昔日的對比。

正當大家熱熱鬧鬧吃菜喝酒時，一個老朋友走了進來，手裡也提著一份禮物。他一出現便急著道歉：「對不起，我來晚了，這瓶酒請笑納。」

富翁起身接過朋友的酒，然後熱情地拉著他到自己身邊坐下，這時卻見朋友的臉上閃過一絲慌亂。或許那是心虛吧！因爲在這些朋友之中，就屬他的成就最低，甚至連生活都比富翁當年還差！

朋友們都知道他的情況，富翁也知道，但富翁一點也不以爲意，只見他舉起朋友帶來的酒說：「我們先喝這瓶吧！」

於是，他邊說邊爲大家斟酒，接著大伙一聲「乾杯」，便暢快飲盡。

「味道怎樣？」富翁問道。

沒想到，朋友們此時卻面面相覷，默不作聲，至於帶酒來的老朋友則滿臉通紅地低著頭。這時，富翁忽然朗聲說：「這些年來，我走過很多地方，也喝過各式各樣的好酒，但卻沒有一瓶酒比得上今天這瓶酒，這麼好的味道，實在讓人感動不已……」

說著，富翁站了起來，拿起酒瓶再一次爲大家斟酒，「來，再乾一杯。」

喝完之後，卻見富翁的眼眶濕了，現場的朋友也跟著紅了眼眶，他們雖然知道嘴裡的分明是「水」，但仍然跟著富翁說：「的確是好酒！」

有人找了一輩子都不見能得到知己知音，但有人在人生旅程上卻不乏推心置腹的摯友，之所以會有這樣的結果，只有二個字可解，那便「眞誠」。

故事中，富翁眞正富足之處，並非讓人羨慕的有形財寶，而是那一段段讓他滿心感激的誠摯友誼。

常說患難見眞情，人的確只有在非常時候，才能看見眞情與良善。

生活在這個以財富、地位評價成就的社會中，我們常常困在自己編就的巢穴裡，埋怨看不見人的眞心，得不到人們單純的心，但事實眞是如此嗎？還是我們

忘了打開自己的心，用心與人交往所致呢？

故事中那一瓶「好酒」，含在衆人口裡的酒精濃度想必比眞酒還高，因爲那份眞誠友情讓酒瓶裡的水自然發酵，並在每個人的肚子裡熱烈燃燒著。

老朋友再聚，仍能看見對彼此的關懷心意，是否也感動了你？

問別人能不能眞誠對待前，不妨先問一問我們自己是否願意眞誠付出。想得到人們的眞心交往，別忘了先展露出自己的誠心，誠懇對待朋友，我們自然能感受到像富翁一般的富足人生。

把心中的希望傳送給每一個人

身為師長，除了耐心教導每一個程度不同的孩子之外，更要讓每個孩子相信自己的未來充滿希望，並讓他們知道如何將希望傳送出去。

人跟人之間的互動很玄妙，一顆心是否真誠，他人都能確切體會與明瞭。是敷衍還是用心，是欺瞞還是坦白，一句話、一個眼神便能清楚表示。

想得到人們的敬重與肯定，你的心意要真誠，然後人們便會從你的行事作風中看見你的自信，進而願意聆聽你的請託，回應兩方合作的意願。

今天是威廉正式展開大學教授生活的第一天。他帶著一點不安的心情走進教室，微笑著向學生們問好：「同學們，早安！」

但是打完招呼後，威廉的微笑卻慢慢地變得僵硬，因爲這麼一大班級的學生，竟沒有人回應他一句話，誰也不出聲，有人甚至還自顧自地和其他同學聊天，根本無視他的存在。

這下子可讓這位教育新手慌了手腳，只見他忙亂地翻找準備好的課程資料，然後結結巴巴地講授今日課程。

威廉站在台上感到來有些孤單，台下沒有一個學生專心聽講，讓他十分洩氣。就在此時，威廉注意到第五排有位身著墨綠色小洋裝的女同學，竟端端正正地坐著，而且十分專注地看著他，看來她是唯一專心聆聽他講課的學生。

女孩微笑地看著威廉，讓威廉像似吃了顆定心丸，忍不住對著女孩微微地點了點頭。這時，那名女同學棕色的眼睛更加明亮了，也精神飽滿地回以溫柔的微笑，這促使威廉慢慢緩和了他的緊張與慌亂，鎭定地繼續講授課程。

每當威廉講到某個地方時，便會看著女同學，只見她總是很認眞地點著頭，偶爾出聲說：「嗯，對！」

然後，便見她埋頭努力地將老師說的話記下，這一切看在威廉眼裡，更讓他慢慢地重拾自信，因爲威廉從她的眼神中得到這麼一個訊息：「老師，我很認眞地聽講，所以請您務必要全心教我喔！」

威廉開始只對著她講課，往日的自信神采與教學熱情漸漸地全都回來了。又過了一會兒，威廉把專注於女孩的眼睛移開，再次望了望教室內其他角落的同學，竟然發現，其他學生也開始認眞聽講了，而且和那名女同學一樣非常努力地做筆記。

是哪個女同學幫助他渡過難關？下課後威廉查找上課名單，知道她叫莉亞妮。後來仔細看過她的作業，威廉發現這孩子的創造力讓人驚艷，對於各式各樣的事物都十分敏感，表現出來的談吐和機智也有著優雅與幽默智慧。

不久，威廉要求全班每一位同學都要撥空與他聊一聊，當然他更期待與莉亞妮見面的時刻，他將告訴她：「孩子，因爲有妳，老師才能重新找回信心，未來，請好好發揮妳那體貼他人的心思，因爲它能給人們溫暖和希望。」

女學生的專注眼神不僅使威廉重拾自信，也喚起了他的教學熱忱。從他的轉變過程中我們不難發現，原來人和人之間的互動就是這麼簡單，一個眼神或一個小動作就能強烈影響一個人。

這個影響還讓威廉建立起老師的威嚴，想像著他專注教導女同學時的自信與認真，我們似乎也感受到教室裡積極且熱情的教學氣氛。

沒有人會拒絕他人給予的熱情，一如威廉積極講課後得到的回應。其實教育不難，孩子的活潑雖然常讓人傷透腦筋，但只要找到方法，只要我們把熱情傳遞出來，孩子們自然會感受到那份用心，服從我們的教導。

「把希望帶給每一個人吧！」教育的宗旨便在這幾個字，每個孩子的學習能力不同、領悟能力不同，身爲師長，除了耐心教導每一個程度不同的孩子之外，更要讓每個孩子相信自己的未來充滿希望，並讓他們知道如何分享，如何將這個希望傳送出去，進而讓這個社會到處都充滿希望與生氣。

先問你能給自己多少機會

不要老是在前進的路上丟石頭阻擋自己，如果你連雙腳都還沒有跨出去，就退回了原點，怎能要求命運之神給你多一點機會和幸運？

在檢討得失成敗之時，你是不是發覺自己曾經因爲怠惰和遷就環境，而拒絕了很多機會，是不是每一次拒絕之後才開始後悔？

一個人會有多少機會，連老天爺都無法清楚告訴你，因爲，機會就在你手中，你能給自己多少，機會就有多少，一旦放棄了就機會不再。

有三隻青蛙不小心掉進了鮮奶桶中，牠們面對厄運的態度，決定了牠們命運。第一隻青蛙認命地嘆了口氣說：「唉，這是無法改變的命運。」說完便一動也不動地等著死亡降臨。

第二隻青蛙跳了幾下，搖了搖頭說：「這桶實在太深了，以我的跳躍功力，看來是不可能跳得出去，唉，這回我死定了。」於是，牠也不掙扎了，隨即就沉入桶底淹死了。

第三隻青蛙則打量著四周說：「眞是倒楣，」但是，牠毫不氣餒，伸了伸後腳：「這後腿還可以使出勁力，找個可以墊腳的東西，試試再說！」

於是，這第三隻青蛙一邊用力划動，一邊努力地跳躍，沒想到鮮奶就在牠的攪拌下變成了奶油塊，有了這些奶油塊的支撐，這隻青蛙奮力一躍，終於跳出了鮮奶桶。

當我們遭遇困難、危險的時候，如果沒有勇於嘗試的精神，怎麼知道自己能不能衝破難關，怎麼知道結局會如何？

通往成功的道路會有很多條，但是前進的交通工具卻只有一種，那就是勇敢向前邁進。

不要老是在前進的路上丟石頭阻擋自己，如果你連雙腳都還沒有跨出去，就退回了原點，請問，你怎能要求命運之神給你多一點機會和幸運？

只要勇敢嘗試，就算沒有達到預期，所有經驗的累積，都將讓你在下一次機會出現時，朝著理想目標更進一大步。

生活雞精

你要走的道路，要完成的事業，只能靠自己決定，別人和環境對你造成的影響非常有限。

——金克雷·伍德

5.

面對問題，才能早日解決問題

越拖越久，不過是讓自己的痛苦加長罷了，不如現在鼓起勇氣，積極面對問題。早一日面對問題，就能早一日解決困境。

生活不會只有一個標準答案

生活沒有任何答案是唯一的，一個問題應該配搭二個以上的可能答案，如此，我們才能選擇出最適用於自己的人生方向。

生活一旦出現問題，別急著找到解答，更別急著尋找別人解出的答案，因爲人生沒有哪一條路是唯一可行的。

不要執著相信唯一的標準答案，因爲這些答案並不見得適用於自己，步調別走得太快，試著走慢一點，說不定你很快地便能看見與衆不同的解答，讓自己的人生有更多的可能性。

一九六九年諾貝爾物理學獎的得主蓋爾曼教授，曾經引用過華盛頓大學教授卡蘭德拉的一篇文章，那是關於氣壓計的故事。

蓋爾曼教授引用這篇文章的最主要目的，是爲了向人們解說「唯一標準答案」的疑惑。

故事中，卡蘭德拉教授出了一道題目給學生：「請試著證明，如何用一個氣壓計測量一個高樓的高度。」

題目一出，便有學生立即實驗，其中有位學生將氣壓計拿到高樓屋頂，然後將氣壓計綁在一條細長的繩子上，接著便把氣壓計從樓頂往下垂掉，直到氣壓計垂吊至地面上。

這個方法實在太簡單，太可笑了，於是有人便嘲笑這個學生：「這個笨方法未免太過愚蠢。」

也許有人要問，那麼還有什麼方法呢？

其實，方法還很多，但無論哪一個方法，卡蘭德拉教授都說：「這道題目並沒有唯一的標準答案，因爲解題的方法非常多，無論如何你們都得找出更多元的答案出來。」

對於第一個想出笨方法卻被嘲笑的學生，卡蘭德拉不僅誇他反應迅速，更鼓勵他繼續找出其他解題的方法，沒想到在老師的鼓勵下，這位學生果眞又想出了許多有趣的測量方法和技巧。

蓋爾曼之所以引用這個故事，是爲了讓人們知道：「我的成功方法只有一個，那就是不讓自己侷限在唯一的標準答案中！」

世界上本來就沒有什麼東西是絕對的，但是，爲什麼我們老是只給自己一個標準答案呢？

因爲，我們已經習慣了「一個標準答案」的生活，一旦多給了自己一個方向，許多人就會站在十字路口猶豫徬徨，不知道該選哪一個方向前進。

生活其實也像科學實驗，一如蓋爾曼所強調的：「不要給自己唯一的標準答案，因為那只會讓我們處處受限，甚至看不見新的科學領域。」

成功的道路不也如此？

就像攀爬高峰一般，峰頂雖然只有一個，然而我們在山下卻有許多條路可以選擇，無論我們是跟著前人走過的古道，還是自己發覺新的捷徑，只要最終能達到高峰，每一條路都會是最好的選擇。

生活沒有任何答案是唯一的，一個問題應該配搭幾個可能答案，如此一來，我們才能選擇出最適用於自己的人生方向。

面對問題，才能早日解決問題

越拖越久，不過是讓自己的痛苦加長罷了，不如現在鼓起勇氣，積極面對問題。早一日面對問題，就能早一日解決困境。

生命不可能沒有創傷，人生不可能都是坦途，應該試著把挫折當成生活的調味料，如此它才可能扮演人生的轉折。

遇到難題時，我們東藏西躲有何用？問題始終存在，最後還不是要從角落走出來，並想辦法解決它？

雖說現在面對與等到明天再面對，不見得有很大的差異，但如果我們現在能面對難題並想辦法解決，我們便能多一天地輕鬆自在！

有個年輕人正值人生巔峰，但是老天爺卻偏偏選在這個時候考驗他，在一次健康檢察後，他發現自己罹患了血癌。

頓時，他的人生像似跌落到了谷底，而且是暗無天日的深谷，看不見希望，也看不見未來。

「我不要治療，我不要……」

親友們和醫生費盡唇舌鼓勵他，希望他能早日接受化學治療，但是年輕人始終心存抗拒將人拒於門外，心想：「我還有希望嗎？沒有了，我的人生已經走到終點，我的生活再也沒有任何意義了！」

年輕人輕生的念頭越來越強烈，對他來說，既然注定要與死神見面，不如早一點和他打交道算了。

一天午後，年輕人從醫院逃了出來，漫無目的地在街上遊蕩，秋風正起，陰鬱的氣候更讓他更感悲傷。

這時，遠方傳來一陣略帶嘶啞卻豪邁的樂器聲，像似在呼喚年輕人接近似的。只見年輕人慢步移動，音樂聲越來越近，年輕人也看見了表演者。

表演的樂手是個雙目失明的老人家，手中正把玩著一件磨得發亮的樂器，此外，他的前方還放了一只杯子，杯中擺了一面鏡子。

「對不起，請問這鏡子是你的嗎？」年輕人好奇地上前詢問，因爲杯裡該放的是錢幣，他正猜想著不知是哪個沒良心的人胡亂擺放。

老人家停下表演，微笑地點了點頭說：「是的，樂器和鏡子是我的兩件寶貝！音樂是世界上最美好的東西，所以我靠著它來自娛自樂，它讓我可以感覺到生活是多麼的美好。」

年輕人似乎也感受到老人家的好心情，不自覺地跟著點了點頭。

「至於鏡子，我只是希望有一天會有奇蹟出現。事實上，我一直都堅信會有那麼一天的，有一天，我將用這面鏡子看見自己的臉，所以我隨時隨地都帶著它！」老人家堅定地說。

年輕人一聽，整個人呆住了，受到了強烈的震撼，心想一個盲眼老人尚且如此熱愛自己和生活，反觀還年輕、還有希望機會的他卻自動放棄……

突然間他醒悟了，幾乎是以狂奔的速度回到醫院，接著積極地接受治療。雖然每次化療都讓他痛苦萬分，但從那之後，他再也沒有逃跑的念頭了，他堅強地忍受一次次痛苦的化療。

最後，眞的出現奇蹟，年輕人的身體開始好轉，身體也越來越健康。

「面對人生，要有積極樂觀的心，和屹立不倒的強烈信念。」這是故事中的老人和年輕人與我們分享的生命啓發。

所有的勇者傳說故事都說明一件事，勇者走在人生的低谷，甚至走到生命的盡頭時，除了相信奇蹟外，最重要的是他們不放棄生命的執著。

一如故事中的盲樂手，明知杯子裡的鏡子是用不著的，但他始終不願放棄希望，等待奇蹟發生的信念，促使他決定讓生命發光發熱，也堅決要讓生活充滿歡樂的樂音。

看著盲樂手的樂觀、積極，不妨細細反省自己，一點小挫折便呼天喊地，一點小傷口就大聲哭泣，除了突顯自己的膽怯、懦弱之外，哭泣叫喊對我們究竟有多少幫助呢？

天大的問題發生了，選擇逃避根本無用，因爲我們始終都要面對它，一如故事中的年輕人，逃出醫院後，仍得面臨渾身的病痛，那麼，何不現在便面對它，早日把問題解決呢？

別忘了，拖越久，不過是讓自己的痛苦加長罷了，不如現在鼓起勇氣，積極面對問題。畢竟，早一日面對問題，就能早一日解決困境，也能早一日脫離痛苦、享受歡樂。

找到想走的路，好好走下去

人生中所有不利的條件總有克服之時，只要我們有心克服困難；生活中所有的難題總有解決時，只要我們用心解決。

從來沒有人知道，什麼時候才會等到眞正屬於自己的機會，但每一個人都知道，只要認眞前進、執著積極，總有一天，你我的雙腳自然會引導著我們走向夢想的道路上。

找到了目標就好好走下去，不管外在環境有多糟，不管內在實力還差多少，只要我們有決心，這些問題終究能夠克服解決。

在布魯塞羅長大的查理是個非常膽小的男孩，每當人們要他講話時，他總是緊張得口吃。在學校裡，他最害怕被老師叫起來說話，甚至還曾爲此逃學。若是碰到無法逃避的狀況，查理便會轉過身，背著全班同學，這也使同學們經常取笑他是膽小鬼。

十五歲那年，家中經濟出了狀況，他不得不輟學回家幫忙。他在叔叔的店裡幫忙，工作是將顧客們訂的衣服和鞋子送到他們家。認眞工作之餘，查理因爲受母親影響，對歌劇頗感興趣。

他媽媽是位業餘歌手，嗓音極爲優美，每當查理在家裡時，母親都會帶他去見一位聲樂老師。

這位聲樂老師的工作室就在大都會歌劇院，查理打從心底對這位歌唱家充滿敬意，但是他算了算自己的生活費，發現根本無力繳交學費，於是他對媽媽說：「媽，我沒有錢交學費，還是算了吧！」

還好母親與老師交情匪淺，只見老師爽快地答應：「沒關係，等你拿到獎學金時再給我就好。」

從此，查理每天抱著一大堆鞋盒和衣物出現在那名老師的工作室，一到午餐時間，便見他急急忙忙地將貨物送出，做完事後才又回到教室上課，下課後再急急忙忙地練歌。

查理和媽媽都不敢把學習聲樂這件事告訴父親，因爲他們擔心父親無法理解而加以阻撓。然而，有一天上完課之後，查理回家的時間太晚，父親便問他：「爲什麼這麼晚回家？」

查理不敢說謊，便將聲樂課的事一五一十地告訴父親，父親聽完兒子的解釋，並沒斥責或阻止他，只是叮嚀一句：「下課後，早點回家！」

有一天，查理將貨物送到第五十七街時，正巧看見音樂廳前圍著一群人，他上前了解後，知道是某個單位正招考一名臨時團員。接著，查理竟不自覺地跟著人群前進面試。他選擇唱某一首歌展現實力，沒想到竟得到了這份工作，那時他才十八歲。

有好歌喉但是缺乏實際演唱經驗的查理，面對新挑戰非常緊張，所幸團裡的工作事務繁多，能讓他分散心中緊張感。

合唱隊唱歌的時候，查理會爲他們伴唱，此外他還接下一個青年喜劇演員的助理工作。當他第一次聽到觀衆的掌聲時，查理對自己說：「這是我想走的路，要好好走下去！」

還有一個令查理不敢置信的情況，就是當他上台演唱時，那讓人尷尬不已的口吃毛病竟然完全消失。

從此，只要他一站上舞台，無論是新的舞台還是熟悉的場所，他的自信心便會逐漸增強，原來的膽怯也慢慢消失不見。

查理從中也學習到了：「那些讓人軟弱的不利條件是可以克服掉的！」

勇敢走上台去，然後我們才會知道那到底是不是我們的舞台。不必擔心可能發生窘態，更不必煩惱可能面臨的緊張與口吃，說不定那口吃的小毛病，反而會

成爲獨有的表演特色。

好像查理一樣，如果那天他不給自己排隊參加面試的機會，他永遠也無法戰勝自己，生活也不會出現新的轉機。感謝生命中的那些挫折吧！查理的經歷不正告訴我們：「只有積極投入生活中，用心感受與應對生活中的所有情況，我們才會知道哪一個機會是屬於我們的。」

人生中所有不利的條件總有克服之時，只要我們有心克服困難；生活中所有的難題總有解決時，只要我們用心解決。一如查理的感悟：「只要看見你想走的路，就好好走下去，那些讓人軟弱的不利條件，便很快就能克服。」

每個生命都有獨特的影響力

沒有人不喜歡被鼓勵，因此遇到性格乖張的孩子，我們若不希望他們未來成為社會負擔，就要更有耐心地指導他。

希望從來都是由生命本身賦予的，你給別人一份希望，別人接著將這份希望再分享出去。換句話說，完美世界是靠著你和我一同建造完成的，少一個人的力量都不行。

覺得世界偏斜了嗎？別悲嘆你所看見的，只須正視它，然後要告訴自己：「偏了無妨，因爲我一定能把它糾正好，而且只有我才行！」

有位滿頭白髮的女老師退休後到一個著名的景點旅行。在當地，她聽說有一位叫春樹的男孩在十六歲那年曾投海自殺，所幸被警察發現救起，那年春樹的父母因故雙亡。

回顧春樹的童年，不少人只知八卦男孩母親風花雪月的故事，顯少有人同情春樹的遭遇，甚至還有人罵他是個雜種。這位老師聽說後，要求要與春樹見上一面，警察了解老師的來意後，也同意她與男孩談一談。

「孩子！」她說話時，春樹硬是扭過頭去，全然不理會對方。

但是，女老師並不氣餒，依然用十分溫柔且慈祥的語調說：「孩子，你知道嗎？你生來就是要爲這個世界做些事情，而那些事除了你以外，沒人能辦到，你知道嗎？」

女老師反覆說了好幾遍，一會兒，少年忽然回過頭，問道：「妳在對我說嗎？妳指的是像我這樣沒有用的人，一個連父母都沒有的孩子嗎？」

女老師和藹地點了點頭說：「對，但是你不是個沒用的人。孩子，正因爲你沒有父母，所以你能做某些很了不起的事！」

春樹冷笑道：「哼，妳想我會相信妳那一套嗎？請妳用腦袋想一想，一個什麼都不是，什麼都不會的廢物能幹些什麼啊？」

「孩子，有些事眞的就只有你能做。要不然你跟我走，我會讓你看見你自己的本事。」女老師堅定地說。

後來，老師把春樹帶回自己家中，還教他在自家菜園裡工作。儘管兩個人生活清苦，但女老師對春樹呵護備至，生活在這樣溫暖的家中，春樹的性格慢慢地出現轉變，個性也越來越謙恭，脾氣也越來越好了。

這天，女老師拿了一些春樹不知道的蘿蔔種子要他耕種，這其實是一種生長十分迅速的新品種，只要十五天蘿蔔便能發芽生葉。但春樹不知道，這個成果讓他十分得意，對自己的肯定也跟著蘿蔔的成長速度迅速增加。

春樹眞的改變了，臉上也出現了屬於年輕人獨有的青春朝氣。女老師幫助他進高中唸書，不過下課後，春樹仍然堅持要照顧菜園並做其他家事。

高中畢業後，春樹找到一份白天的工作，晚上仍在夜大繼續深造。畢業後，他到一所中學任教，也像女老師那樣對待那些即將參加考試的學生，那顆充滿關懷與溫柔的心可說是與女老師一模一樣，同樣溫暖人心。

「我要用赤誠的心去影響我的學生，因爲我現在已經相信，眞有別人不能，只有我才能做的事了。」有一天，春樹激動地對女老師說。

「孩子，只有眞正了解痛苦滋味的人，才能以同理心盡力爲別人付出。還記得你十六歲時候，其實最需要的就是有人愛你，如果我沒有猜錯，正因爲得不到人愛，所以那時候的你才會尋死吧？」女老師問道。

春樹點了點頭，接著老師又說：「孩子，你現在走出來了，也有了自己的一片天，我知道，你還有顆別人沒有的愛心。現在開始，請好好愛護你自己的學生，有一天你便能從他們臉上看見感激的光采，等你到了我這個年紀，你便會像我一樣驚喜於生命的無限價值。」

「你生來就是要爲這個世界做些事情，而那些事除了你以外沒人能辦到，你知道嗎？」當老師對著春樹說出這句話時，你是否也爲之心動？聽見這句話後，你對自己是否有了不一樣的期勉和自許？

從這個故事，我們再一次明白每個人都需要被鼓勵，在愛的教育中，這也是經常被人們提出討論的方法。

正因爲每個人都喜歡被鼓勵，因此遇到性格乖張的孩子，我們若不希望他們未來成爲社會負擔，就要更有耐心地指導他們。一如女老師照顧春樹一樣，沒有激烈的衝突畫面，每一個引導動作都很輕柔，因爲女老師知道：「越是叛逆的孩子，越需要愛。」

女老師用愛感化了一個孩子，也可以說是她的愛爲這個世界救回了一個孩子，當春樹說出自己也要以相同的愛心去影響別人時，正代表他明白了生命的可貴與珍貴，更明白每一個生命都是獨一無二，都是最重要的。

透過這兩個動人的身影，相信你已領悟到了生命的意義，也得出了怎麼珍視自己，怎麼勉勵他人了吧！

尋找不同的切入角度

找機會時，要避開人們習慣走的思路，從另一個角度切入，才能在旁人還搞不清楚狀況的時候，早先強勢地佔有這個市場。

我們都知道一窩蜂的缺點，更清楚一窩蜂跟進後的危機，但是跟著一窩蜂後還是有人贏得勝利，你知道是什麼原因嗎？

答案很簡單，那便是從不同的角度切入。

例如，同樣是甜甜圈，有人可以想出裹了七彩果糖的甜甜圈，有人則將外表與名稱結合，創造出一個個「幸福甜甜圈」。

事物或許是固定的，但人的腦袋卻是活動的，只要我們肯多動點腦筋，說不定下一個創造甜甜圈奇蹟的人就是你。

很多很多年前，有一則小道消息悄悄地在人們口中傳播著。

那年，美國有一條穿越大西洋海底的電報電纜，因爲破損需緊急更換。這時，有位沒沒無聞的珠寶店老闆聽說後，緊急連絡負責單位，請求對方無論如何都要將那條報廢的電纜線賣給他。

沒有人知道這個老闆的用意，衆人只覺得他腦袋一定出了問題，「一條破電纜線還有什麼作用？還花那麼多錢買下，他根本是瘋了！」

老闆不管人們的閒語，靜靜地關起珠寶店的大門，回到家中，耐心且細心地將那條電纜洗淨、弄直，然後再將內線一一分類，並剪成一小段一小段的金屬條。接著他還買了不少手工飾品，然後用那些金屬條將之串起，最後裝飾成一件件精美的紀念物出售。

「這是用大西洋海底電纜線製成的紀念品，非常具有紀念價值！」

老闆打出難得的海底電纜手工藝品，而且是限量發售，廣告一推出，便湧進大批人潮，這個當初人們不屑一顧的廢物，轉眼便成值得收藏的寶物。

就這樣，老闆輕輕鬆鬆地發跡致富，接著他以賺得的錢買下了歐仁皇后的一枚鑽石，那顆淡黃色的鑽石閃爍著稀世的光彩。這時人們又心生疑問了：「他是想自己珍藏，還是想以更高的價格轉手賣出？」

結果，老闆沒有私藏，也沒有哄抬價格出售，只見他不慌不忙地籌備了一個珠寶首飾展覽會，其中最重要的展示品，當然是「皇后之鑽」。

可想而知，人們爲了一睹后之鑽的風采，從世界各地湧進展覽場，讓他毫不費力地賺進一筆又一筆的財富。

故事說到這兒，你一定很好奇這個人是誰吧？

這個聰明老闆便是美國赫赫有名，享有「鑽石大王」美譽的查爾斯．路易斯．第里尼，出生時，他只是個磨坊主人的孩子呢！

一次又一次的商機，在旁人看來實在費猜疑，但是從鑽石大王查爾斯的角度來看，他不過是勇於嘗試各式各樣的機會。

一條廢電纜線該如何重獲新生？從中，他看見了世界僅有、穿越大西洋的電纜線具有的紀念價值，也發現了資源回收再利用的好處，因而讓這一段段廢棄電纜，從人們視如敝屣準備丟棄的東西，轉而成爲最具價值的紀念寶貝。

深諳消費者心理的查爾斯，就這樣推出了令人動心的小東西，一步又一步，以獨到的遠見與生意頭腦，創造了一次又一次的巨大商機。一如後來的那顆鑽石，珠寶與展覽館之間該如何串連？查爾斯再次發揮創意，一樣輕敲群衆的好奇心，因而能製造話題、引領風潮。

看到這裡，覺得生活困頓的你是否也得到啓發了呢？

經商者的觀察要敏銳、思維要寬廣，當別人還未看見商機時，要早人一步發現機會；當衆人都看得見其中關係時，還能看見隱隱其中的其他商機。

找機會時，要避開人們習慣走的思路，從另一個角度切入，才能在旁人還搞不清楚狀況的時候，早先強勢地佔有這個市場。

不要讓環境限制自己的人生

只要我們自己不放棄，任何外力也阻擋不了我們的成功企圖，任何困頓的環境都只是鍛鍊我們克服難關的考驗。

如果，你的生活充滿顛簸，請別皺著眉頭大聲埋怨，也別覺得別人老是瞧不起自己。因爲這樣充滿磨難和挑戰的日子不是人人可以得到的，若不是老天爺想給你特殊的體悟，你恐怕很難得到這樣的寶貴機會。

所以，就算眼前的生活辛苦一些又何妨？

只要你肯用心體會，便能感悟到老天爺想給予你的人生啓示，和一個可以讓你實現夢想的秘訣。

據說，英國名作家狄更斯有個嗜酒好客的父親，由於父親揮霍無度，讓小狄更斯從十歲開始，便得一肩扛起沉重的家計。

曾經在皮鞋坊當學徒的狄更斯，雖然非常嚮往讀書，然而現實的環境實在不允許他有這個念頭，但好學的狄更斯並不氣餒，不斷告訴自己：「我總算讀過幾年小學，只要我肯努力自修，相信一定能成功的。」

十五歲那年，狄更斯進入了一間律師事務所工作，經常被派任送信工作，幾乎走遍了倫敦的大街小巷。

十六歲那年，他憑藉著實力，成爲倫敦某報館的採訪記者，這裡不僅讓他有機會深入了解人性灰暗與社會黑幕，更讓他鍛鍊出卓越的筆功，從此也開啓了他寫作之路。

扣除採訪與寫稿的時間，其餘時間，狄更斯幾乎都在大英博物館裡唸書充實自己。

也許是看透了世間的炎涼，在從事新聞工作的同時，狄更斯更將所見所聞與心裡感受，充分地表現在他的文學創作之中。

往來於街頭巷尾，人們經常看見狄更斯坐在路邊與一些衣衫襤褸的人聊天，有時則會在工人酒吧裡與人們交談，甚至，他還曾經走進監獄裡與即將行刑的囚犯聊天。

「我必須走入社會，我必須走進人群，我想要了解那些窮苦人家的生活，更想分擔他們的喜怒哀樂。」

正因爲這樣的理念，狄更斯寫了多部巨作，因爲作者的用心體悟與觀察，讓後來的人無論是讀到《雙城記》還是《塊肉餘生記》，無不驚訝於其中的眞切情感與人物寫實，似乎這些苦難與生命仍然活生生地繼續著。

每當看完了一則故事，在你心海裡出現了什麼樣的漣漪？

對於經歷過生活磨難的狄更斯來說，每個人的人生雖然不盡相同，但是生命本質其實有著一點共通點，那就是：「不斷地磨練，不斷地學習。」

從社會大學裡重新開始，這對失去正規教育的狄更斯來說，無疑是他成就人生的最重要方法之一。

其實，對照我們經常讀到的偉人傳記，不難發現那些從小失學的成功者，他們唯一且最好的受教環境，全都來自於「社會大學」。因爲，他們知道，每個人的開始原本就會有所差異，但是每個人最終都要從現實社會中重新開始。

所以，沒有好的成長背景又何妨，只要我們自己不放棄，任何外力也阻擋不了我們的成功企圖，任何困頓的環境都只是鍛鍊我們克服難關的考驗。

你看過《雙城記》嗎？又是否讀過了《塊肉餘生記》呢？

儘管狄更斯寫實地將生命的艱苦血淋淋地呈現出來，但他也沒有忘記告訴人們：「生命再怎麼辛苦，我們也要堅強走過，即使人間充滿悲苦，我們始終都要爭取活下去的機會。」

想改變世界，先改變自己

如果你想成為一個勝利者，無論從事什麼職業，都必須靠自己努力取得成就，自己盡力發揮才能來實現。

也許，你有很多事情想做，卻一味依賴別人，看到別人做得不好，就會指出缺失，力求別人改善，殊不知最大的問題反而在自己身上。

每一個人都自成一個世界，在努力改變別人的世界之前，不妨先審視自己的天空，是否少了許多美麗雲彩。

想指責別人之前，先嚴格反省自己，或許，改變了自己之後，外面的世界也變得清新。

有個四處佈道的牧師臨終前，對他的妻子說：「年輕的時候，我決心要改造這個世界，到過各個地方，向人們講述如何生活和應該做什麼的道理，但是，都沒有發揮什麼作用，沒人仔細聽我說什麼。於是，我決定先改變我的家人，但是使我灰心的是，似乎家裡的人對我的話也不曾理會，他們也沒有發生任何我所期望的變化。」

牧師停頓了一下，嘆息：「到了生命的最後幾年，我才認識到，我真正能夠影響的人，其實就有我自己。如果一個人想改變這個世界，首先應該從改變自己開始。」

就像這位牧師所說的，一個人唯一能夠改變的，往往只有自己。無論你的志向是什麼，通向成功的道路只能靠你自己一步步向前走，事實上，這是一趟孤獨

的旅行，縱使前進的道路上有不少朋友、家人或同事相伴，也絕對沒有人能替你前進。

如果你想成爲一個勝利者，無論從事什麼職業，都必須靠自己努力取得成就，自己盡力發揮才能來實現。

這是你自己的職責，當然，這不是意味著你一定要與外界隔離，而是要確立自己的人生方向，並選擇你要成爲的模樣，唯有這樣，你才眞正具備夢想成功的潛力。

生活雞精

在戰場上，一個人有時會戰勝一千個人，但是，只有戰勝自己的人，才是偉大的勝利者。

——尼赫魯

抱怨別人之前，先秤秤自己有幾兩重

不管時代怎麼變化，景氣多麼差，只要是有實力、肯努力付出的人，都會受到重視，也一定能被發現，獲得重用。

坦桑尼亞有句諺語說：「絆倒總是向前，不會向後。」

其實，在所有成功路上將你絆倒的「折磨」，背後都隱藏著激勵你奮發向上的動機。想要成功的人，就必須懂得如何將別人對自己的折磨，轉化成一種克服挫折的磨練……

有一個自恃甚高的年輕人非常不滿自己的工作，常常氣憤地說：「我的上司一點也不把我放在眼裡，有一天，我一定會對他拍桌子，痛罵他一頓，然後辭職不幹。」

一個朋友聽了，便問他：「你在公司那麼久了，對公司的經營策略完全弄清楚了嗎？還有，對於業務上的處理技巧，你學會多少？」

他搖了搖，不解地望著這位朋友。

這位朋友對他說：「君子報仇十年不晚，你不妨先把公司的業務狀況和經營手法完全弄清楚再說，到時候再決定是否要辭職不幹。」

朋友看他一臉迷惑，解釋道：「你冷靜想想，在這個公司裡你有多少可以免費學習的地方，當你把所有東西都學會了，再一走了之，那樣不僅可以報復、出氣，最重要的是，自己又擁有許多收穫。」

總算他把建議聽懂了，也聽了進去，從此努力在公司學習，甚至下班之後還留在辦公室繼續研究。

一年後，朋友偶然在路上遇到他，便問他近況：「你現在大概都把東西學上手了，是不是準備拍桌子不幹了？」

這個年輕人聽了，尷尬地笑著說：「嗯，暫時不會吧！這半年來，老闆似乎對我刮目相看，不斷加薪升職，還讓我負責重要案子，重要的是，我今天才又升職。」

朋友笑著說：「現在，你知道當初老闆不重視你的原因了吧？都還沒有開始努力，能力又不夠，難怪老闆不把你放在眼裡，你看現在他不是對你刮目相看了嗎？」

在這個實力決定競爭力的時代，抱怨別人不重視自己之前，先問自己有多少能力，有沒有盡了全力，有沒有認真學習，是不是能力不夠。

牢騷每個人都很會發，所謂的懷才不遇，往往只是眼高手低的人自憐自艾的囈語，應該在反省自己之後，覺得問心無愧，你才能開始抱怨，或用力拍桌丟辭職信。

不管時代怎麼變化，景氣多麼差，只要是有實力、肯努力付出的人，都會受到重視，也一定能被發現，獲得重用。

你有滿肚子怨氣想發嗎？

先反省自己一下究竟擁有多少才能，又付出了多少，是不是該進修提高自己的能力了。

生活雞精

命運並不存在於一個小時的決定中，而是建築在長時間的努力、考驗和沒沒無聞的工作基礎上。

——羅曼羅蘭

6.

接受困境，才能遠離困境

無論生活中遇到什麼樣的大小麻煩，
只要能積極面對，很快的，
將會發現所有難題迅速解決、消失。

接受困境，才能遠離困境

無論生活中遇到什麼樣的大小麻煩，只要能積極面對，很快的，將會發現所有難題迅速解決、消失。

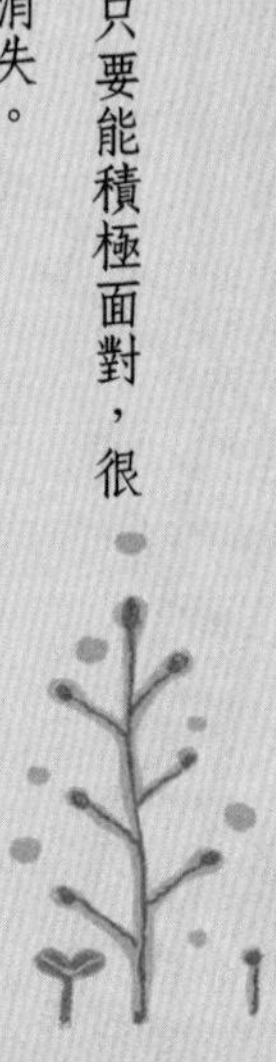

遭遇命運嘲笑，相信自己的能力最重要，不要動輒咆哮。

走在人生道路上，能否有所成就，關鍵就在於如何看待命運的打擊和嘲笑。許多偉人的成功故事不就告訴我們，用正面的態度面對命運的嘲弄，潛能才會徹底激發，才能讓自己登上命運的巔峰？

請直視困境，讓它看見你眼神中的堅定決心，如此一來，它很快便會畏懼你的勇氣，夾著尾巴逃開。

只要你能直視生活中所有意外和難題，這股勇氣自然會伴著著你走出困境，也牽引著你避開生活中的各個險惡處。

說到史蒂芬．霍金，熟悉他的人應該不會忘記這位科學大師那深邃的目光和寧靜的笑容吧！

不過，世人推崇他的原因，不僅僅因爲他是個智者，更因爲他是個充滿勇氣與活力的生命鬥士。

有一次，在一場學術會議之後，有位年輕的女記者躍上講壇，激動地問大師：「霍金先生，你身上的病痛讓你得永遠固定在這張輪椅上，你會不會覺得上天對你太殘忍了呢？」

女記者忽然提出這樣尖銳的問題，讓台下的觀衆有些不滿，會議廳內頓時出現騷動，但旋即便鴉雀無聲，因爲大家很想聽聽大師怎麼說。

一片靜謐中，霍金臉上的笑容並未消失，只見他用著還能活動的手指，艱難地點擊鍵盤。

廳內出現輕快地的敲鍵聲，投影屏上也緩緩顯示出一行又一行的文字：「朋友，我的手指還能正常活動，所以上天對我可一點也不殘忍！還有，我的大腦仍能正常思考，我仍有要追求的理想，還有我愛與很愛我的親人和朋友，我想，我擁有的要比失去的還多！對了，我還有一顆感恩的心……」

說到這裡，掌聲如雷響起，霍金的笑容也變得更加燦亮，不少人還激動地跑到台前，向這這位非凡的科學家鞠躬致意。

他們之所以深受感動，並不是因爲霍金所受到的苦難沈重，而是他直視苦難時的樂觀態度，那份勇氣與堅強正是他們所缺乏的。

看見霍金大師的堅強，你是否也深受感動與啓發？眼前才剛經歷小挫折的你，是不是可以立即振作，再度堅強地前進了呢？

偉大人物的範例常讓平凡的你我感到不可思議，因而有人會認爲，那是這樣

的人物才會有的忍耐與堅強，若是相同的事發生在自己身上，恐怕無法有他們萬分之一的堅強。

但是，你知道嗎？所有偉大的人們其實和你我一樣凡平，也有脆弱的一面，也有需要人們支持扶助的時候，只是他們不會在我們的面前表現。因爲，他們明白，即使正在生命困厄中，他們也必須懷抱希望，把笑容傳遞給我們，然後他們才能從我們的肯定聲中得到前進動力與支持力量。

明白了吧！每個人都需要互動與互勉才能堅強走下去。有些時候，積極是爲了帶動身邊的人，爲了營造環境的氣氛，畢竟當大環境充滿活潑朝氣時，生活其中的人又怎麼會活潑不起來呢？

霍金大師的這則故事提醒我們「好好生活」。接受困境才能遠離困境，無論生活中遇到什麼樣的大小麻煩，只要能積極面對，很快地，我們將會發現所有難題迅速解決、消失。

正視挫敗，才有風光的未來

只要我們能正視所有挫敗，用心找出失敗的原因，然後積極重建自信，自然能在下一次戰役風光贏得勝利。

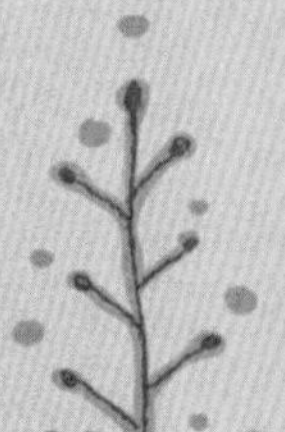

想烤出美味的蛋糕，除了材料要實在外，烘焙的技術也十分重要。要訣是什麼？許多烘焙師傅都這麼說：「這門技術只有一個要訣，那就是不斷從失敗中找出成功的方法。」

不論我們站在什麼樣的工作崗位上，要求的工作態度都一樣，只要認真負責、努力用心，自然能烘烤出人見人愛的美味人生。

有個國家常被強大的鄰國侵略，幾乎每場戰役都輸的國王，眼看著自己的國家就快被滅亡，心裡十分焦急。

這天他再度領軍抗敵，但經過多次奮戰後再度潰敗，士兵們爲了保住自己的性命四下奔逃，國王也僞裝成牧羊人，逃進了一座森林。

國王在森林裡流浪了好幾天，好不容易找到一間有人居住的小屋，便輕輕地敲了門。來開門的是名婦人，國王輕聲地向她乞討一些食物，並請求暫住一宿。

婦人斜視一身骯髒的國王，接著語帶不屑地說：「好，只要你能幫我看著那個正在爐子上烘烤的蛋糕，我就賞你一頓晚飯，還讓你在這兒休息一晚。現在我要出去擠牛奶，記住，要小心看著這個蛋糕啊！千萬別讓它烤焦了。」

國王點了點頭，接著便靠著火爐坐下，全神貫注地看著蛋糕。但沒過多久，他的思緒開始轉移，雙眼雖然仍盯著蛋糕，但心裡卻煩惱著：「唉，我要怎麼重整軍隊？這場戰爭要怎麼打才會贏呢？面對強敵，我該怎麼迎戰？」

國王越想越多，也越想越慌，國家前途茫茫，到底該怎麼辦呢？

過了一會兒，婦人回來了，而且一踏進門便驚叫連連：「天哪！發生什麼事？你在幹什麼啊？」

原來蛋糕早已經烤焦了，屋裡滿是煙味，至於國王仍然坐在爐灶邊，想得出神的他只乾瞪著火焰，完全沒有發覺蛋糕已經烤焦。婦人生氣地叫喊道：「你這個沒有用的傢伙，看看你做的好事，今晚沒東西可吃啦！」

國王聽見婦人的驚呼聲，這才回過神來，慚愧地低下頭。這時，婦人的丈夫回來了，一眼認出爐灶邊的陌生人正是他們的國王。

「妳知道妳罵的人是誰嗎？是我們高貴的國王啊！」丈夫說。

婦人一聽，嚇得跑到國王身邊跪下，「對不起，我沒認出您是偉大的國王，請您原諒我的無知啊！」

沒想到國王卻笑著扶起她，「不，妳罵得很對，我的確沒看好爐子，妳是有資格罵我的，況且既然我接受了這個工作，就應該確實地完成任務，但是我卻把它搞砸了，是我不對沒錯。很感謝妳的指責，我絕不會讓自己再犯相同的錯誤了，

接下來，我會好好負起國王之責！」

從此，國王積極學習治國的方略，之後再度披上戰袍，也成功地擊退敵人，讓敵人從此不敢再來侵犯。

烤焦的蛋糕帶出了國王的不專心，也提醒了國王要認清自己的責任，負起他對國人應盡的義務，因爲，一味逃避躲藏始終無法解決問題，君主若不能力圖振作，就算擁有再強盛的軍團、再頂尖的智囊，也無法力挽狂瀾。

生活不也如此？如果自己不願積極，不能堅強站起來，無論人們怎麼扶助支援，結果仍會是一敗塗地。

人生好像烘烤蛋糕一樣，要專心也要專精，失敗了沒有關係，只要別屢戰屢敗後仍不知道爲何失敗就好。只要我們能正視所有挫敗，用心找出失敗的原因，然後積極重建自信，自然能在下一次戰役風光贏得勝利。

勇敢爲自己的權利把關

只要你知道自己付出了多少，也清楚自己拿得問心無愧，那麼面對人們的有心苛刻或為難，你都應該挺直腰桿為自己爭取權利。

現實社會中什麼樣的人都有，有人滿嘴佛理、慈悲心，但行爲卻與魔鬼無異；有人看似兇神惡煞，實則是爛好人一個。

從審視不同的人及性格中，我們也慢慢學會了怎麼應對，當然也學會了用什麼樣的方法對待不同的人。

之所以如此，最終無非是要保護自己的權利和機會，如果事事都無所謂，面對什麼情況都畏懼退卻，又怎麼能爭取到更好的未來機會呢？

因爲父母無力支付學費，小婷只好利用空閒時間當家庭教師，賺取一些大學生活所需的費用。然而前幾天，當她與一名小朋友的家長計算家教費用時，卻出現了一點狀況。

李先生對她說：「王小姐，我們來算一算薪資吧！我想妳應該很需要錢，但妳一直未開口，所以我先提了，嗯，我們講明了每月薪水四百元……」

「四百元？好像應該是六百元吧！」小婷說。

「是四百元沒錯啊，我這裡有記載，我從來都只支付家教老師四百元啊！而妳在這裡只待了兩個月……」李先生邊指著記事本邊說。

「不，是兩個月又五天……」小婷口氣堅定地說。

「是兩個月整，我這裡是這麼寫的，所以原本我應該付妳八百元。不過，這其中還要扣除十五天的工資，因爲那幾天妳只是看顧李林，沒有教他任何東西，另外還有兩天國定假日也要扣掉。」李先生大聲地說。

小婷默默地低下頭，一語不發，眼眶越來越紅。接著，李先生繼續說：「那十五天，再加上三天休假，應該扣除二百三十四元，然後李林又請了四天病假，妳請了三天病假，還有，我太太允許妳午休的時間也應扣除。」李先生滔滔地說，最後結論是：「我一共要給妳……四百八十一元，對吧？」

小婷聽到這裡，淚早已不受控制地落了下來，但李先生似乎沒有察覺，專注地敲打著計算機，繼續計算著：「再來，妳曾經打破一只茶杯，那要扣二十五元，又因爲妳的疏忽，害李林爬樹時撕破了一件衣服，這要扣五十元，還有，上個月初妳曾從我這裡拿了一點生活費……」

苛刻的李先生說到這裡，小婷立即抬起頭，堅定地說：「我什麼時候向您拿過生活費了？」

「妳可能不記得了，看看我這裡的記錄。」李先生將筆記本拿給小婷看，小婷看完後說：「是的，有一次我向李太太拿二十元，那次我忘了帶錢包。」

「好，扣一扣，兩個月的薪水一共是二百七十六元，請收下吧！」說完，李先生把工資交給小婷。

只見鼻涕淚水已不分的小婷接過工資時，還輕輕地說了句：「謝謝。」

「爲什麼謝我呢？二百七十六元怎夠妳生活呢？」李先生問。

「有總比沒有好。」小婷很認命地說。

「這怎行？妳要懂得爲自己的權利把關啊！原本是一千二百元，結果只拿到二百七十六元，這怎麼對呢？妳居然還對我說『謝謝』？」李先生說。

「因爲有人是一毛錢也不給，我至少還有領到錢。」小婷說。

「沒給錢？不會吧？眞有人這麼狠心嗎？妳放心吧！我剛剛是和妳開玩笑的，這一千二百元妳拿去吧！記住，以後妳要勇敢地捍衛自己的權利，沉默不語只會讓妳受盡壓迫和欺負。」李先生好心地提醒小婷。

「嗯，謝謝！」小婷淚水停了，取代之的則是滿臉的驚喜。

小婷是很幸運的，面對從一開始被讀者和小婷一樣誤以爲是「澳客」的李先生，到後來不但拿到應得的工資，還學得了一點生活教訓，想必讓她大大鬆了一口氣，或許還有著「寒冬送暖」的感動！

好心教導小婷要為自己權利把關的李先生，最後不僅讓人性希望重現，透過這齣戲還讓小婷和你我深刻明白了一件事：「只要你知道自己付出了多少，也清楚自己拿得問心無愧，那麼面對人們的有心苛刻或為難，你都應該挺直腰桿為自己爭取權利。」

其實，人心千百萬種，多的是心機重、城府深，總為自己著想的對手，遇到這樣的合作對象時，除了要大聲為自己爭取權利外，更要能即時抽身、離開，尋找能誠懇相待的合作者。只要你也是個誠懇踏實的人，你獨有的磁性終會帶領著你接近最適宜你的磁場。

不放棄希望，就擁有改變的力量

命運就掌握在自己手中，身處痛苦困境，只要我們不放棄自己，不放棄生命希望，再困厄的命盤也會被我們親手改寫。

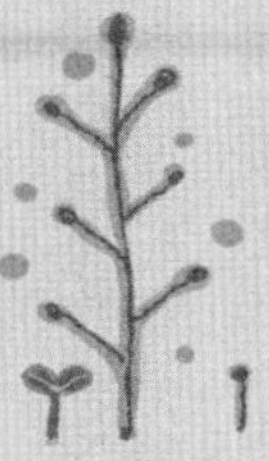

挫折往往是人生的轉折，就像作家坎普所說的：「沒有遇過挫折的人，無法讓自己的生命綻放出美麗的花朵。」

的確，沒有歷經挫折的人，就像未曾在刺骨寒風中成長的梅花一樣，無法開花結果。一個人如果想讓自己出人頭地，非但不能老是向老天抱怨，爲何自己生命中會出現那麼多挫折，反而還要回過頭來感謝那些在生命中曾經讓自己絕望和沮喪的挫折。

無論是面對失業、破產、離婚或傷殘等悲慘情況，只要你還能呼吸，生命仍然會支持著你繼續活下去。不放棄希望，就能擁有戰勝逆境的力量。除非你自己放棄，不然，這個世界仍會耐心等待你再站起來的那天，等著爲你喝采！

有一位美國男子在四十五歲生日那天，哀怨地仰天嘆道：「都四十五歲了，我卻一事無成，我這一生實在糟糕透頂了，離婚、破產、失業……等情況都遭遇過，唉，眞不知道我有何生存價值？」

中年男子對自己越來越感到厭煩，性情也因此變得越來越古怪、易怒，外表看似強硬的態度，卻反映出心靈的脆弱。

有一天，他在紐約街頭遇到一個印第安靈媒。人在最低潮時，總渴望有人能指引方向，這個中年男子信步走進算命帳篷裡請靈媒算算他的未來。印第安人看過他的手相之後，說：「您是一個偉人，非常了不起！」

「你在說什麼啊？我是個偉人，你開什麼玩笑？」」中年男子冷眼回應。

印第安人微笑地說：「您知道您是誰嗎？」

中年男子皺著眉，喃喃道：「我是誰？哼，我是個倒霉鬼，是個窮光蛋，我是個被生活拋棄的人！」

「你倒說說看，我是誰？」中年男子忽然抬頭，大聲地問對方。

「您是偉人！您有林肯先生的靈魂，您身體流的血、您的勇氣和智慧都是林肯的啊！先生，難道您眞的沒有發覺，您的面貌幾乎長得和林肯先生一模一樣？」印第安靈媒說。

「不……我離婚了……我破產了……我失業了，我無家可歸，我……」中年男子遲疑地叨唸著。

「先生，那已是您的過去，您未來將有非凡的成就。如果您不相信，今天您不必給我一毛錢，不過五年後，您將是美國最成功的人，到時候若證明我的看法是眞的，您再把錢給我就行了。我最後要再一次提醒您，您就是林肯的化身！」靈媒說。

中年男子帶著滿臉的懷疑離開，但另一方面，心底卻有了一種從未有過的感受，緊接下來他對林肯產生了濃厚的興趣與好奇。回到家中，他努力地尋找、研究所有與林肯相關的資料。

漸漸地，他感覺到生活似乎起了變化，無論是他生活大半輩子的環境，還是與他一同生活了大半人生的親友、同事們，現在給他的感覺全變了，人們面對他的眼神和表情比過去還要熱情許多，就連周遭環境也變得比過去順利多了。

時間過得很快，十五年後，也就是在六十歲的時候，成爲億萬富翁的他對朋友說：「我知道這一切其實都沒有改變，只有我自己變了。因爲相信『林肯靈魂』的我，開始努力研究、模仿林肯的膽魄和精神，也慢慢地被他影響啓發，是我讓自己變成了眞正的『林肯』，變得和他有一樣有決心和魄力。」

也許有人很好奇，故事中的男主角到底是誰，其實，是誰並不重要，知道了他的名字又如何？我們眞正需要知道的不是他的名聲與地位，而是要學習他如何戰勝自己的心魔，是不是呢？

「這一切都沒改變，只有我變了」，當男主角在省思過往人生時，很簡單地告訴了我們，這個世界並不會因爲我們而改變，但我們卻能靠自己的力量改變自己的世界。

「林肯的靈魂」看似重現在男主角身上，事實上，他不過是讓原本存在於他靈魂裡的生命活力重現罷了。每個讓生命、精神、活力充分展現的人，體內都有林肯的靈魂，他們會適時地在生活困厄中，爲自己找到一個轉彎出口，並讓生命毅力帶動他們認眞地活下去。

不論在何種困境中，你都不是孤單、無依無靠的，如果你找不到人安慰，請別忘了一直陪伴在你身邊的靈魂。「命運就掌握在你手中」，其實故事中的靈媒只是在扮演類似心理醫師的角色，只是是在男子最需要安慰的時候給他一個鼓勵，接下來，男子全靠著自己的生命力量再站起來，創造未來！

既然，他可以再站起來，你也可以像他一樣再展精采人生。挫折就是人生的轉折！身處痛苦困境中，別忘了故事要告訴我們的：「只要我們不放棄自己，不放棄生命希望，再困厄的命盤也會被我們親手改寫。」

從現在開始實踐夢想

誰也不知自己的生命有多長，與其走到生命終點時後悔不已，不如現在積極行動吧！

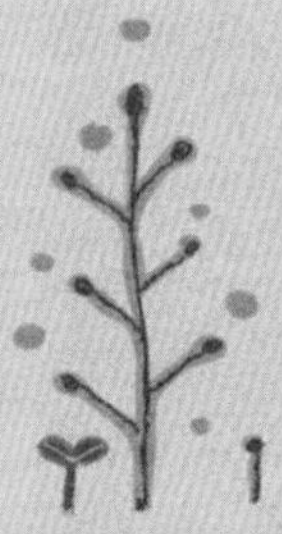

從出生開始，我們手中就握有一張生命清單。當然，這張單子並不是在我們一出生就寫好明細，它會隨著我們的成長與領悟，不斷地改寫或添入。直到我們積極前進，直到我們肯認眞實踐，生命清單才會在最後一頁告訴我們：「夢想眞能成眞！」

沒有行動，我們永遠不知道夢想是否能達成；沒有動作，我們永遠不知道夢想原來不難實踐。只要我們肯動作，你所盼望的結果定能「如你所願」。

有兩位病人同時從醫院門口走進去，不約而同走到同一個櫃台掛號。掛完號後，他們互相問候，發現兩個人都是因爲鼻子的問題來找醫生的。

今天他們都在醫生的要求下，決定進一步檢查，看看身體是不是出了狀況，在等待化驗報告出來的時間，兩個不期而遇的陌生人在等候室聊著天。

艾倫說：「如果化驗出來的結果眞是癌症，我將立刻出發旅行，第一站就要到科羅拉多大峽谷！」

霍華德聽見艾倫這麼說，也點頭說：「我也是這麼想的！」

等待的時間很快便過去，報告終於出來了，結果艾倫證實罹患鼻咽癌，至於霍華德只長了鼻瘜肉。

面對癌病，艾倫似乎早已想好對策，列好一張告別人生的計劃表。當醫生提出治療計劃時，他拒絕了，因爲他決定要先把自己寫下的計劃實現完成。相反的，霍華德則選擇住進醫院，先把鼻病治好。

艾倫的第一項計劃是到科羅拉多大峽谷觀光旅行，接著從紐約坐船到利物浦，在夢想的英國住一段時間，然後再前往法國的羅浮宮參觀，最後到澳洲度過南半球的夏天。

當北半球春天的腳步接近時，艾倫要立即從墨爾本搭機前往北京，登上著名的建築奇蹟長城。後來回憶到這一段時，他總笑著對朋友說：「站在長城上，我竟覺得自己就像個豪氣萬千的英雄。」

除了四處旅行之外，他也不忘充實自己，決心讀完莎士比亞的所有作品。此外，像是聆聽一次三大男高音同台演唱等等事項，他都仔細地明列在計劃書中，也確實逐一完成夢想。

最後，他告訴自己：「我要寫本回憶錄和大家分享。」

艾倫的告別人生計劃表中一共有二十七條項目，最終他在這張生命的清單後面寫下這麼一段勉勵：「我這一生有很多夢想，有的已經實現了，有的則因為種種原因沒能實現。如今，上帝給我的時間剩下不多，為了不留遺憾地離開這個世界，我要用生命最後的時間去實現夢想。反正僅只這二十七個夢想而已，我一定能完成的。」

第一年，艾倫辭掉公司職務前往科羅拉多大峽谷，第二年又以驚人的毅力和韌性取得了夢寐以求的專業資格證書，並讀完莎士比亞所有的著作。

在這期間，他登上了長城也到過羅浮宮，還在北半球的冬天時到墨爾本游泳，現在艾倫則努力實現他最後一項計劃——撰寫「回憶錄」。

有一天，霍華德在報紙上看見艾倫寫的遊記，便打電話去問艾倫的病況，「我是霍華德，你最近好嗎？」

艾倫在電話那頭笑著說：「很好，很好，我想要不是這場病，我的一生恐怕會很糟糕吧！若不是它提醒我快去做自己想做的事，快去實現自己想實現的夢想，我恐怕到現在都還不知道什麼是眞正的生命和人生。我的朋友，你呢？應該和我一樣快意吧！」

電話彼端的霍華德只輕輕地「嗯」了一聲，便不再答話，雖然當時他曾附和艾倫的夢想行動，但之後卻因爲罹患的不是癌症，而讓夢想成「空」。

對比艾倫與霍華德的人生，一個因爲得知癌症而積極行動，一個因爲結果只是個小病痛而繼續擱置夢想，不知道讓你得到了什麼樣的啓發？

事實上，霍華德所浪費的時間與艾倫實踐夢想的時間相等。然而，我們從身上艾倫，不僅沒見到病懨懨的模樣，反到感覺他活得比過去更起勁，從中我們似乎也預見了生命奇蹟的發生可能性。

反觀霍華德，雖說要先將身體的毛病治好，才能有健康的體魄實現夢想，但事實上當艾倫夢想實現的那天，霍華德仍在原地自怨自艾。

誰也不知自己的生命能夠有多長，與其走到生命終點之時後悔不已，不如現在積極行動吧！

同樣的，不要等到接近生命的終點才「吐露眞言」，愛誰、想誰或對不起誰，現在就大膽直言、坦白告知，相信從此你的人生道路上將有更多人相伴。

規劃生活腳步，才能避免錯誤

不懂事情輕重的人，不知道自己角色與本份的人，總是不明白太過依恃小聰明，只會讓自己不斷地深陷危機之中。

看著上班的人潮，不知道你最常看見的是掛著「緊張焦慮」的臉，還是「自在閒適」的神情？

生活和時間是我們自己的，再不用心分配，時間很快便會被我們消耗殆盡。不是相間不夠，是我們習於怠惰。

經常遲到的人，不妨好好算一算，每天多賴床十分鐘，幾年下來，浪費掉的時間究竟有多少！

剛從大學畢業的喬琳應徵到一間離家很遠的公司上班，所幸每天清晨七時，公司會派一輛專車到鄰近她家的某個地方接員工上班。

這通勤辦法看似方便，但對喬琳來說卻是個麻煩，習慣賴床的她常因爲多留戀了一會兒被窩而差點趕不上車，這也讓她想起不久前的學生生活，那是可以大膽爲賴床而翹課的時候。

冬天到了，喬琳賴床的時間也越來越長，這天她便比平時遲了五分鐘起床，而這五分鐘卻讓她付出嚴重的代價。

這天，當喬琳匆忙趕到專車等候處時，班車早已開走，站在空蕩蕩的馬路邊，喬琳一時間六神無助，心中不覺地責罵自己：「早知道就不要賴床了。」

就在她自責的時候，忽然看見公司的藍色轎車正停在不遠處，她想起同事曾告訴她：「那是公司派給主管們的座車。」

喬琳立即朝那輛車的方向跑去，來到車門前時，稍稍猶豫一下後，接著便打開車門坐了進去。

這時，前座的司機回頭看了她一眼，然後好心地對她說：「小姐，妳不應該坐這輛車，妳最好快去找別的車上班，不然妳會後悔的。」

「爲什麼？我覺得我今天運氣很好啊！」喬琳滿臉得意地說。

這時，公司主管拿著公事包迅速地坐上車，卻發現車子裡多了一個人，吃驚地問：「小姐，妳有什麼事嗎？」

喬琳連忙解釋說：「因爲公司的車子剛開走了，我想搭個便車。」

接著，喬琳還一派輕鬆地說：「您應該不忍心讓一個女孩在寒風中等車吧！特別是在這麼寒冷的冬天裡，況且搭個順風車又不礙事，可以吧？」

主管聽完後，先是愣了一下，但很快便明白她的用意，厲聲回答說：「不，妳沒有資格坐這輛車，請妳立刻下車。」

喬琳這下可呆住了，因爲她從未遇過這樣嚴厲的拒絕。要是平時，她定會重重地關上車門，顯示她大小姐的驕傲，但轉念間她想到這份難得的工作機會，只好乞求著主管：「拜託您，我現在如果下車，肯定會遲到的，我眞的很需要您的幫助啊！」

「遲到是妳自己的事。」主管冷冷地回答。

喬琳看著無情的主管，淚水開始在眼眶裡打轉，絕望之餘，竟固執地坐在車裡，以沉默不語對抗主管的不近人情。

結果呢？

兩個人在車上僵持了一會兒，最後卻見主管抓起公事包跨出車門，在寒冷風中攔下一輛計程車，飛馳而去。至於喬琳，則在車裡放聲哭泣，司機見狀嘆了口氣說：「小姐，回去好好想一想吧！」

看完了喬琳的事例，想必讓許多人搖頭嘆息吧！或許你會覺得主管太不近人情，但要是喬琳不賴床，又怎會自取其辱？

喬琳的情況是在真實生活中發生的情況，可不是電視裡胡亂編寫的劇本。聰明的你一定知道，生活始終有現實的一面，不願面對現實，結果只會像喬琳一樣，

因爲自己的怠惰耽誤而害慘了自己。

不懂事情輕重的人，不知道自己角色與本份的人，總是不明白太過依恃小聰明，只會讓自己不斷地深陷危機之中。

遲到原本是可以避免的，一句「早知道就不賴床了」無法扭轉這個錯誤，「遲到」更不是請求協助的好理由，因爲一個連最基本生活都不能自律的人，主管又怎麼放心把公司前途交託到他手中？

能「嚴以律己」，我們才會小心安排生活腳步，也才能避免一句又一句的「早知如此」，並減少犯錯的機率！

私心往往是上當的原因

人生的挫折，往往來自私心自用的選擇，若不是心裡有私心貪念，若不是別有居心，又怎麼會那麼容易受騙上當呢？

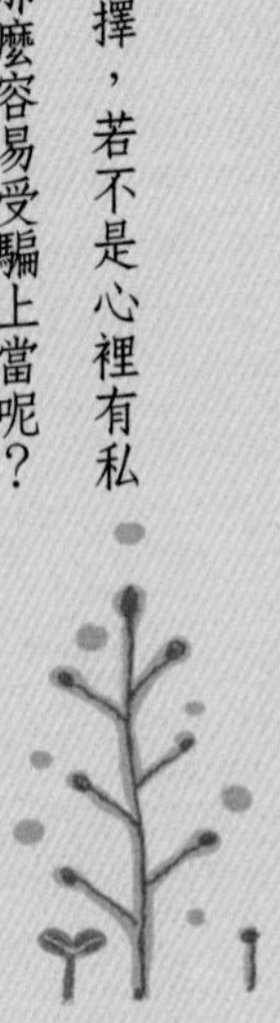

現實生活中，許多關於人性的實驗，都顯現社會秩序與生命變動的關係，也讓我們更加看清人心現實的一面。

若從另一個角度思考，生活中原本就有許多現實的考量，人們的私心與欺騙也有著絕對的因果關係。如果不想再被人欺騙，最重要的是得先控制得了自己的私心與貪婪心。

有兩個旅人來到一個小城鎮的酒店投宿，服務生一如往常地向他們詢問姓名、職業和居住的天數。

然而，當服務生問到滯留時間時，其中一名旅人卻小聲地說：「我們是拉斯維加斯的名醫，將在這裡住一個月。我們要拜託你一件事，千萬不要把這個消息告訴任何人，我們將在這做一個試驗，不希望有人打擾我們。」

服務生一聽，好奇地問：「你們要做什麼試驗啊？」

這時旅人的聲音壓得更低了：「在拉斯維加斯，我們曾做過一個讓死人復活的神奇試驗，現在我們將在這裡讓奇蹟重現。」

旅人說完便回到房間，然而當他們第二天走出房門時，卻發現不少人盯著他們看，看來服務並未守住承諾，早將這個奇怪的故事傳開了。

一開始，人們對這件事都一笑置之，但是隨著這兩名旅人展開行動，人們的目光也越來越聚集在他們身上，因爲這兩個人經常去公墓，並久久停留在一些墳墓前，其中包括一個富商的年輕妻子之墓。接著，他們便到處向人打聽這位年輕太太的事，和其他葬在這個公墓的亡者生前與死時的情況。

這兩個人怪異的行爲慢慢地影響了當地人心，整座小城鎭開始瀰漫在詭異不安的氣氛中，那名商人的行爲舉止開始出現異常，因爲愛妻深切的他眞的相信這個奇蹟將會發生。

然而三個星期過去了，所謂的「復活」並未發生，但兩位旅人卻收到這麼一封信，「我曾經擁有一位像天使般的妻子，但是她後來卻被病魔纏身。我很愛她，眞的很愛很愛她，也因爲如此，我不希望她復活，不想她重回病體，不想看見她再次被病痛折磨，所以請你們別再擾亂她的安寧了。」

信裡還附了一筆錢，希望他們能早一點離開。

在此之後，兩位旅人陸陸續續收到不少該墓地亡者的家人所寄的信，有個男孩明白告知他們，因爲他繼承了叔叔的遺產，所以一點也不希望死去的叔叔復活；另一個在丈夫死後便改嫁的女人則這麼寫：「我那丈夫已經很老了，他不想再活過來了，請讓他安息吧！」

一封封表明不希望亡人重生的信裡，全都附了一筆錢，那或者也算是一種賄賂，賄賂醫生別讓死人復活。但看來他們的目的似乎未能達成，這兩個旅人每到深夜時，仍然會到公墓中做研究。

這天，這個小鎮的鎮長出面干預了。他才當上鎮長不久，而且很想長期地當下去，極不希望前任鎮長再度活過來與他搶工作，所以向這兩位旅人說：「夠了，我相信你們可以讓死人復活，不過這個奇蹟不必在這小鎮裡發生，請你們快點離開這裡，別再進行這個實驗了。我會支付你們一筆錢，總之，這裡不要這樣奇蹟，請你們快點離開。」

這兩個旅人點了點頭，接著從鎮長的手中拿了錢，便回到酒店收拾行裝。臨行前，其中一名旅人對朋友說：「我們這個『試驗』還眞成功啊！」

你知道這兩位冒牌「醫師」到底在進行什麼計劃嗎？

想必聰明的你早已看出端倪，是的，他們研究的目標其實是人性與人心中最脆弱且易煽動的那一面。他們小心翼翼且循序漸進地誘引著人們，帶著他們進入兩人所設的「復活」圈套裡，終而換得人們的「假相信」與「眞擔心」，達成騙財的最後目的。

他們利用人性的弱點，緊抓著人心的矛盾，然後逐一擊破也逐一取得鎭民心甘情願的付出。至於那些心懷私心又不懂得動腦筋想一想的人，最後不僅被耍得團團轉，甚至還心甘情願「花錢消災」。

人生的挫折，往往來自私心自用的選擇，因暗藏私心而受騙上當的人，其實不應該有任何怨尤。故事中害怕叔叔復活而失去遺產繼承權的男孩，擔心亡夫再現會造成新家庭紛爭的女子，以及擔心前任鎭長復活的鎭長，他們暗藏的心思都成了受騙上當的原因。若不是心裡有私心貪念，若不是別有居心，又怎麼會那麼容易受騙上當呢？

樂觀知足才會幸福

不管他人的別有居心，也不充許自己有心欺人，能如此，長壽健康的日子自然會一路陪著我們走到人生終點。

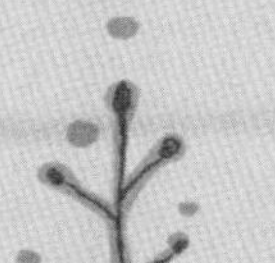

人如果總是存著算計別人的心思，總是從陰暗面看待生活，心中必然佈滿陰霾，生活必然由衝突、摩擦和痛苦串連而成。

人生最重要的是讓自己過得快樂，不管他人的別有居心，也不充許自己心欺人，能存夠如此，樂觀知足的日子自然會一路陪著我們走到人生終點。

生於阿爾勒小鎮的富翁卡爾基，在一九九六年二月二十一日這天，歡度她的一百二十一歲大壽。

當天來了許多記者，其中有位名叫莎燕．雷伯的女記者問她：「您覺得自己爲什麼能那麼長壽呢？」

老太太回答：「因爲上帝太忙，把我忘了！」

女記者微笑點頭，接著又問：「不知道您長壽的秘訣是什麼？」

老太太笑著說：「哪有什麼秘訣？有的話，我早就高價賣給你們了。」

旁邊的人被老太太的幽默感逗得哈哈大笑，這時女記者又問：「請問您一早起來時都做些什麼事？」

卡爾基說：「上廁所。」

「然後呢？」女記者又問。

「卸完『貨』後，我就繼續上『貨』啊！然後出門曬曬太陽、爬爬山。」老人家幽默地回答。

「孩子，人要樂善好施，千萬別老想著算計人，健康才是最大的財富，那可是花幾百億也買不到的啊！」卡爾基接著又補充道。

說到這兒，老人家似乎想起了不少過往回憶，只見她又繼續說了這麼一個耐人尋味的親身經歷。

在九十歲那年，卡爾基家門口出現了一位不速之客，那個人告訴卡爾基，每個月她將得到一筆養老金。

這個人名叫拉伯萊，是法國小有名氣的法律公證人。

卡爾基心想：「每個月有二十五法郎的零用錢，真不錯！」但她還未老糊塗，轉而又想：「這算是天上掉下來的禮物嗎？世間哪有這等好事？」

卡爾基瞇著眼懷疑，還試著套拉伯萊的話，最後終於讓他說出心中的盤算，原來他竟然盤算著老太太死去後，繼承她祖先留下來的那幢房子。

卡爾基停頓了一下，最後笑著說：「好，帶我去公證所吧！」

拉伯萊正值壯年，心想：「我只要再養妳幾年就好，現在妳都已經九十歲了，再過個七八年就差不多了。然後，那幢豪宅就屬於我的了！」

從那天起，拉伯萊天天祈禱老人家快點死去，可是卡爾基的身體反而越來越健康，越活越有勁。反觀工於心計的拉伯萊卻是每況愈下，無論是精神還是體力狀態都越來越糟糕，就在七十七歲那天魂歸西天了。

算一算，拉伯萊供養了卡爾基三十年的時間，支付卡爾基九十萬法郎的養老金，這是房產價值的四倍。

卡爾基得知拉伯萊死時十分傷心，惋惜地說：「這孩子很聰明，可惜把聰明用錯了地方。唉！這麼聰明絕頂的人，爲何要做這種虧本的生意呢？」

那卡爾基老太太呢？

她在一九九七年八月四日去世，享年一百二十二歲。

想必有人曾經聽過這個故事，但不知道你有沒有發現，每次聆聽時總會有不同的領悟與感受？

在這則故事中，除了拉伯萊的聰明反被聰明誤、人算不如天算的失誤外，最吸引人的應當還是老人家的長壽秘訣。從故事中，我們發現老人家保有長壽最重

要的秘訣，便是保持「幽默樂觀」的人生態度。

想想卡爾基笑談上帝的遺忘和拉伯萊的私心圖謀，對於人生的一切情況與種種遭遇，老人家總是一笑置之。

我們不難從她面對與處理事情的態度中，窺見她淡泊無私的人生態度，更看見她待人處世的寬容，以及從中得到的好處——長壽。

轉身看一看我們自己，爲何還要在斤斤計較的生活中，苦悶地面對自己？

仔細想一想，在我們生活周遭那些充滿笑容、慈祥和藹的老人家，是否也和以下故事中的卡爾基一樣，面對麻煩事總是笑談不礙事，對於私心人的有心計較也總說：「我還算有佔到便宜啦！」

微笑是他們臉上的主畫面，他們的埋怨不多，多半時候都是笑著肯定說：「困境總會走過，不必煩憂。」

7.

讓平凡的自己變得不平凡

要從每一件小事中發現機會，
不漠視自己的平凡，
也不小看生活周遭的平凡，
如此一來，再平凡的事也能變得不平凡。

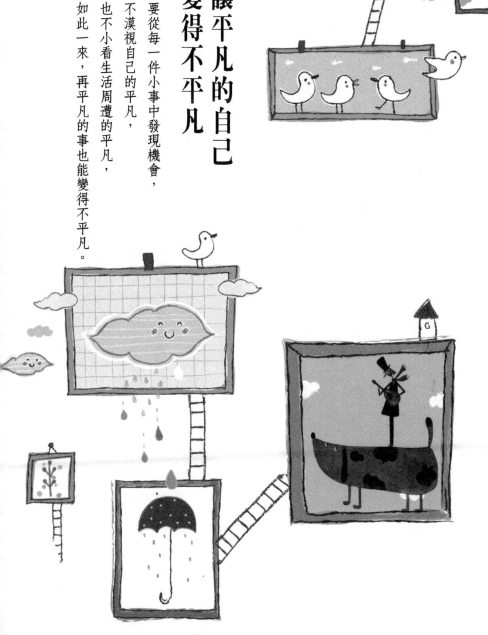

你爲什麼還在迷迷糊糊過日子？

很多人迷迷糊糊過日子，不知道為什麼而生活，盲目地追求一時之間讓自己感興趣的新奇事物，最後才感慨自己蹉跎了不少歲月。

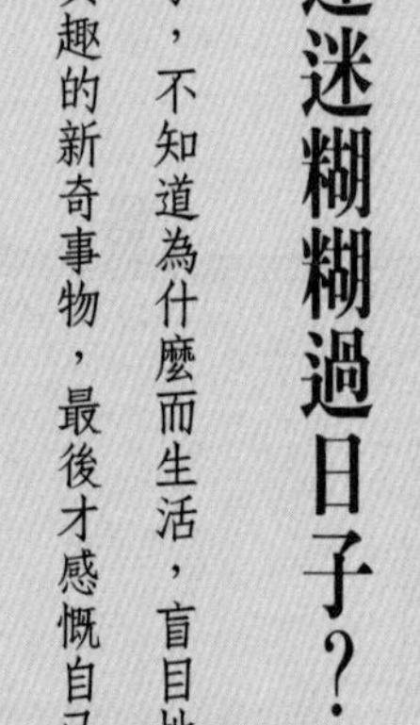

人生的道路上有許多岔道和歧路，走到人生的十字路口，現實的生活往往逼著我們做出選擇，不容我們徘徊遲疑，這便是人生嚴峻之處。

人生的目標一經擇定，就必須盡心盡力去達成，如此才不會在紛雜的人生中迷失方向。

古往今來，有成就的人會努力找出自己鍾情的事務，把時間用在這個目標上，專心致志，力求突破，這就是他們的成功秘訣。

著名的博物學家拉馬克，一七四四年八月一日生於法國畢加底，是十一個兄弟姐妹中年紀最小的一個，深受父母寵愛。

拉馬克的父親希望他長大後能當牧師，便送他到神學院讀書，後來普法戰爭爆發，拉馬克被徵召入伍，派往前線對抗普魯士軍隊，不久因爲生病而提前退伍。

退伍後，他沒有當上牧師，卻迷上了氣象學，想當個氣象學家，於是整天抬頭看著變化萬千的天空。

後來，拉馬克在銀行裡找到了工作，又想當個金融家了；但是，不久後他又愛上了音樂，整天拉小提琴，想成爲一個音樂家。

這時，大哥勸他不如當個醫生，拉馬克於是又聽了哥哥的話，學醫四年，可是他對醫學卻沒有多大興趣。

有一天，二十四歲的拉馬克在植物園散步時，碰巧遇上了法國著名的思想家盧梭。盧梭很喜歡拉馬克，常帶他到自己的研究室裡去。在那裡，這位一直「三心兩意」的青年深深地被科學迷住了。

從此，拉馬克花了整整十一年的時間，有系統地研究了植物學，寫了名著《法國植物誌》。後來，他當上了法國植物標本館的管理員，又花了十五年時間，研究植物學。

拉馬克到了五十歲的時候，開始研究動物學。此後，他爲動物學努力了三十五年的時間。

整理一下，拉馬克從二十四歲起，用二十六年的時間研究植物學，用三十五年的時間研究動物學，眞正成爲一位著名的博物學家，而他也是最早提出生物進化論的學者。

其實，拉馬克很幸運，在人生道路上繞了好幾圈，還能找到自己最想做的事。但是，不是每個人都能這麼幸運，很多人迷迷糊糊過日子，不知道爲什麼而生活，盲目地追求一時之間讓自己感興趣的新奇事物，最後才感慨自己蹉跎了不少歲月。

如果你覺得自己日子過得渾渾噩噩，不妨捫心自問：「現在這樣是我想要的嗎？」

因爲外在環境的影響，因爲內在的徬徨迷惘，從小我們習慣「三心兩意」，不斷在人生競技場上轉換跑道，到最後才發現自己一事無成。

從今天起，給自己一個獨自決定的機會，然後下定決心去做，因爲，人只有挑一樣自己最想做的事，然後堅定意志努力去做，才有機會在自己醉心的領域成爲人人欣羨的翹楚。

生活雞精

躊躇不前意味著讓別人控制你的生活，解決辦法是選定自己的道路，相信自己一定能達成；一旦意識到這點，就有了行動的基礎。

——威廉．詹姆斯

讓平凡的自己變得不平凡

要從每一件小事中發現機會，不漠視自己的平凡，也不小看生活周遭的平凡，如此一來，再平凡的事也能變得不平凡。

古羅馬思想家塞涅卡曾經寫道：「要是你懂得感謝人生所擁有的一切，那麼生命才會有意義。」

越是平凡之中越藏著不平凡，每一件看似平凡的小事，都會是你成功的累積，所以，別輕視生活裡的每一個小事，有一天你會發現，原來看似平凡的生活，原來有著這麼多的不平凡。

十八世紀瑞典化學家塞勒，在化學領域有著相當傑出的貢獻，可是瑞典國王卻毫不知情。

在一次歐洲旅行的途中，瑞典國王這才知道自己的國家居然有這麼一位優秀的科學家，於是決定授予塞勒一枚勳章。

可是，負責頒發獎的官員孤陋寡聞，又抱持著敷衍了事的心態，竟然沒有找到那位陸歐知名的塞勒，而草率地把勳章發給了一個與他同名同姓的人。

當時，塞勒在瑞典一個小鎮當藥劑師，他知道國王頒發一枚勳章給自己，也知道發錯了人，但是他只付諸一笑，完全不當一回事，仍埋頭於化學研究中。

塞勒在業餘時用極其簡陋的自製設施，不僅發現了氧，還陸續發現了氯、氨、氯化氫及幾十種新元素和化合物。

後來，他更從酒石中提取酒石酸，並根據實驗寫成兩篇論文，送到斯德哥爾摩科學院。豈知，科學院竟然以「格式不合」爲由，拒絕承認他的論文。

但是，塞勒並不灰心，在他獲得大量研究成果以後，根據這些實驗寫成了書與讀者見面，終於在三十二歲那年當選爲瑞典科學院院士。

如果我們也有塞勒這樣埋頭苦幹、鍥而不捨的精神，願意在平凡中追求偉大，那麼成功就離我們不遠了。

整個社會中，除了一些特殊的人從事特定工作外，一般人都很平凡，但不管怎麼平凡，只要肯努力，依然可以做出不平凡的成績。

那種大事做不了，又不肯爲小事付出心力的人，是最要不得的。其實，不管是個人，或是公司、企業，成功都正是源自平凡工作的積累。

公司需要的是能夠在平凡中求成長的人，能夠認眞對待每一件事，把平凡的工作做得很好，才是能夠發揮實力的人。

不要小看任何一項工作，沒有人可以一步登天，當你認眞對待每一件事，你會發現自己的人生越來越寬廣，成功的機遇也越來越多。

平不平凡並不重要，重要的是，你是否能從中找到成功的道路，是否知道要從每一件小事中發現機會。

不漠視自己的平凡，也不小看生活周遭的平凡，如此一來，再平凡的事也能變得不平凡。

生活雞精

我只有在工作得很久而還不停歇的時候，才覺得自己的精神輕快，也才覺得自己找到了活著的理由。

——契訶夫

捉準時機，爲自己創造奇蹟

生活的意義在於創造，敢冒最大的風險去創新的人，在事業上才能取得最大的功成名就，實現人生的最大價值。

創新，是件極具風險的事，但是不管是在哪一個領域，想要出類拔萃，就必須花費心思不斷創新，只要勇於嘗試，創新肯定比保守固執、停滯不前還要有未來。

就商業領域而言，也許你看得見市場需求，也許你看得見流行趨勢，但是，與其看得見，不如當個引領市場走向的舵手。只要用心，靈活運用你的腦袋，發揮創意，在看見需要和走向時，勇敢跨出去，任何時間都會是你最佳的開拓時機。

一八六六年開始有了汽車，而爲了適應發展的需要，滿足客戶的要求，英國勞埃德保險公司在一九〇九年率先承接了汽車的保險。當時，還沒有「汽車保險」這個名詞，勞埃德公司於是將這一保險項目暫時歸類爲爲「在陸地航行的船」。

後來，勞埃德公司還首創了太空技術領域保險。一九八四年，美國太空總署發射的兩顆通訊衛星，因爲失去控制而脫離軌道，按照保險合約，勞埃德公司必須理賠一．八億美元。

眼看要賠償一筆巨款，勞埃德公司絞盡腦汁後，終於想出一個方法，出資五百五十萬美元委託美國「發現號」太空船的太空人，在一九八四年十一月中旬回收那兩顆通訊衛星。

經過一番整修後，這兩顆衛星在一九八五年八月再次被送入太空。如此一來，勞埃德不僅少賠了七千萬美元，還向它的投資者說明，從長遠眼光萊，看「衛星保險」仍然有利可圖。

目前，勞埃德保險公司已成爲世界保險行業中名氣最大、信譽最佳、資金最雄厚、歷史最優久、賺錢最多的保險公司，每年承擔的保險金額高達二千多億美元，保險收入約六十億美元。

「敢冒最大的風險，去賺最多的錢」是勞埃德公司的宗旨，他們最引以爲豪的就是開拓創新的精神，敏捷地認識並接受新的事物。

不敢適時冒險的人，就像未曾在刺骨寒風中成長的梅花，無法讓自己的生命綻放美麗的花朵。一個人如果想讓自己出人頭地，就不能老是抱怨爲何自己遭遇那麼多挫折，而要以開拓的精神，勇敢跨越這些失敗挫折。

你既羨慕又嫉妒別人名利雙收嗎？

你可知道他們走了多少辛苦路，冒了多少風險才保有目前的地位；如果你不知創新，一味等著別人來幫助你，一味跟著別人的腳步，那你永遠只有羨慕別人的份而已。

生活的意義在於創造，敢冒最大的風險去創新的人，在事業上才能取得最大的功成名就，實現人生的最大價值。

生活雞精

我不願擁有一個塞滿東西的頭腦，而情願擁有一個思想開闊、勇於創新的頭腦。

——蒙田

要讓自己過得更幸福

英國首相邱吉爾曾說：「一個人絕對不可能在遇到危險的威脅時，背過身去試圖逃避。若是這樣做，只會使危險加倍，但是，如果立刻毫不退縮地面對它，危險就會減半。」

人的一生過得是否快樂與幸福，往往取決於能不能把折磨當成磨練，勇敢走向自己選擇的道路。

對於想要改變自我的人，美國食品連鎖業的傳奇人物黛比·菲爾茨鼓勵說：「記住，無論如何都要勇敢跨出第一步，當你走過第一個最困難的冒險，再一次要面對風險就更容易多了。」

黛比．菲爾茨出生在一個有很多兄弟姐妹的大家庭，從小她就非常渴望得到父母親的讚揚和鼓勵，但是由於孩子實在太多了，父母忙著養家活口，根本就照顧不到她的需求。

這樣的成長經歷，使得她長大後依然缺乏自信心，後來她嫁給一個事業非常成功的高級管理員，但美滿的婚姻並沒有改變她的自卑心理。

當參加社交活動時，她總是顯得害羞、笨拙，唯一使她感到自信的地方是在廚房裡烹飪的時候。她非常渴望成功，但是，想鼓起勇氣從家務中走出去，又害怕遭到親友恥笑。

但人總是會變的，她仔細想了想，要不就停止成功的夢想，要不就鼓起勇氣走出去。

她決定進入烹飪業，於是鼓起勇氣對父母親和丈夫說：「因爲你們總是稱讚我的烹飪手藝，所以我決定要自己開一間食品店。」

他們聽了，驚訝地叫道：「喔，黛比，這，這不可行啦，要是失敗了怎麼辦？這事很難的，別胡思亂想了。」

他們一直這樣勸阻黛比，但是，她不願意再倒退回去，不願再像以前那樣猶豫不決。

她下定決心要開一家食品店，丈夫雖然始終反對，但是最後仍然給了她開食品店的資金。

豈知，食品店開張的那一天，竟然沒有一個顧客光臨，她幾乎要被冷酷的現實擊垮。

第一次冒險就讓自己身陷其中，黛比心中有著必敗無疑的恐懼，甚至相信親友們是對的，冒這麼大的險是一個錯誤。

只是，冒了第一個很大的風險以後，面對下一個風險就顯得容易多了，所以，她決定繼續走下去。

黛比一反平時膽怯羞澀的窘態，端著一盤剛熱好的食品上街，請每一個過往的人品嚐。

結果，所有嚐過的人都讚不絕口，說味道非常好，這讓她開始有了信心，許多人也開始接受了黛比的食品。

現在，「黛比·菲爾茨」的名字在全美連鎖商店裡赫赫有名，她的公司「菲爾茨太太原味食品公司」則是最成功的食品連鎖企業，她完全脫胎換骨，成爲一個渾身散發著自信的女人！

每一個人都自成一個世界，想要擺脫蒼白灰暗的世界，不妨先審視自己，是否少爲頭上的天空增添幾道美麗的雲彩？

想獲得非凡的成功，想享受愉快的人生，首先必須保持健全的心理狀態，用積極樂觀的心境面對生活週遭的折磨。

英國首相邱吉爾曾說：「一個人絕對不可能在遇到危險的威脅時，背過身去試圖逃避。若是這樣做，只會使危險加倍，但是，如果立刻毫不退縮地面對它，危險就會減半。」

絕對不要逃避任何事物；面對風險，當你信心不足時，不必擔心，放大膽些，及時邁出決定性的第一步後，只要妥當運用自己的智慧，接下來的難題都可以迎任而解。

生活雞精

生活需要巨大的勇氣，怯懦的人只是存在，並非生活。他們活在虛妄中，不僅害怕真實的事，也害怕虛假的事。

——奧修

勇敢嘗試，就是跨出成功的第一步

我們都有能力實現自己的願望，別再拖延了，讓自己心中的希望就從現在開始，一步步落實。

每個人都生活在希望之中，一旦舊的希望實現了，或者破滅了，就應該讓新希望的烈焰熊熊燃起。

如果一個人只是得過且過地一天蒙混過一天，心中沒有任何希望，那麼，他的生命實際上已經停止了。

美國歷史上著名的探險家約．戈達德十五歲的時候，還只是洛杉磯郊區一個沒見過世面的孩子，但是，他充滿著夢想，把自己一輩子想做的大事列了一個表，命名爲「一生的志願」。

他在志願表上列著：「到尼羅河、亞馬遜河和剛果河探險；登上珠穆朗瑪峰、奇力馬札羅山和麥特荷恩山；要騎大象、駱駝、鴕鳥和野馬……」每一個項目還都編了號，一共有一百二十七個目標要實現。

戈達德把夢想認真的寫在紙上後，開始抓住每一分每一秒，決心要讓目標一一實現。

十六歲那年，戈達德終於和父親到了喬治亞州的奧克費諾基大沼澤和佛羅里達州的埃弗格萊茲探險，完成了志願表上的第一個項目。

二十歲時，他已經到加勒比海、愛琴海和紅海裡潛過水了，這年他還成爲一名空軍駕駛員，在歐洲的天空有了三十三次的戰鬥飛行經驗。

二十一歲時，他已經到過了二十一個國家旅行；就在他剛滿二十二歲時，他來到了馬拉的叢林深處，還發現一座古代馬雅文化的神廟。

同年，他成爲「洛杉磯探險家俱樂部」有史以來最年輕的成員，接下來他籌劃著實現自己最重要的目標，那就是探索尼羅河。終於，戈達德在二十六歲那年，和另外兩名探險夥伴，來到布隆迪山脈的尼羅河之源。

緊接著，戈達德積極地完成他志願表上的目標：他乘筏漂流了整個科羅拉多河，造訪長達二千七百英哩的剛果河，在南美的荒原、婆羅洲和新幾內亞與食人族一起生活，爬上了阿拉拉特峰和奇力馬札羅山，也寫成了一本書《乘皮艇下尼羅河》……等等，他計劃中的目標一件件的實現了！

年近六十歲的戈達德，依然顯得年輕，他不僅是一個經歷無數次探險的傳奇人物，還成了電影製片人、作者和演說家。

戈達德在實現自己目標中，有過十八次死裡逃生的經歷。他說：「這些經歷讓我學會了更加地珍惜生活，而且凡是我能做的我都想嘗試。我相信，每個人都有自己的目標和夢想，但並不是每個人都會努力去實現。」

戈達德的故事告訴我們：勇敢嘗試，就是跨出成功的第一步。

你沒有太多時間猶豫徬徨，檢查一下你的生活，問問自己：「假如我只能再活一年，那我準備做些什麼？」

我們都有能力實現自己的願望，別再拖延了，讓自己心中的希望就從現在開始，一步步落實。

生活雞精

理想是很抽象的東西，看似無法捉摸，但是，只要鬥志昂揚，成功的機會便會大增，反之，則必敗無疑。

——萊辛

心態會決定你的成敗

法國文豪大仲馬說：「一個人活在世上，應該有與命運較量的勇氣，要有創造一番事業的雄心。」

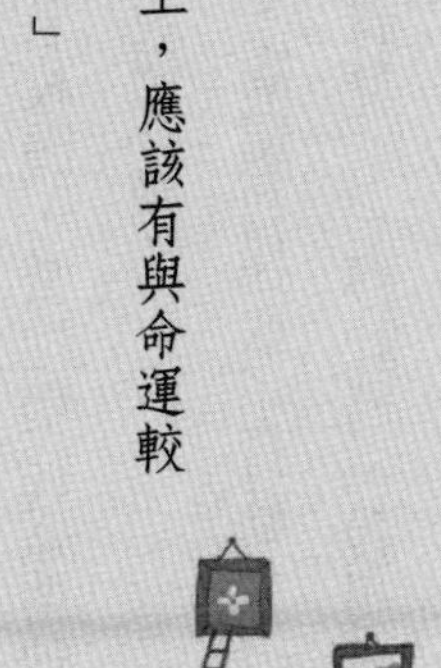

如果你被生活的重擔壓得喘不過氣，不喜歡現在這種缺乏信心的窩囊情況，不妨換個角度，先改變改變自己，再找回你的信心。

人生有時候就像棒球比賽，每個人都可以是球場上優秀的投手，球就在你手上，想丟出什麼速度和變化，操之在你，只要你信心重建了，三振敵手肯定游刃有餘。

在一九七六年舉行的大聯盟棒球賽中，球迷都對聖．安東尼奧隊充滿信心，認爲他們一定能贏得世界冠軍，因爲他們擁有許多出色的打擊手。

但是，事情卻出乎意料，聖．安東尼奧隊場場敗北，在上半季比賽中連輸了十八場。於是，投手責怪捕手，捕手埋怨內野手，內野手又責怪外野手，結果大家互相埋怨，整個隊陷入一片混亂。

聖．安東尼奧隊的經紀人歐瑞利，清楚知道這個隊伍所具有的實力，發現他們屢屢戰敗的原因是由於心態不正確，充滿悲觀、消極的想法，於是歐瑞利開始尋找治這種「心病」的良方。

那時，在達拉斯有一個叫斯洛特的知名牧師，當地信徒盛傳他有特異功能，可以治好很多疾病，於是歐瑞利突然想了一個計劃。

在某次比賽還有一個小時就要開始前，歐瑞利採取了行動。

他興奮地衝進了球員休息室，對球員們說：「夥計們，我想出了解決問題的辦法，你們不必再擔心了，把你們最好的兩根球棒給我，我會在比賽開始之前趕回來，今天的比賽我們一定能贏。」

他從每個隊員那裡拿走了兩根球棒，然後匆匆離開。

在距離比賽開始還有五分鐘的時候，他興奮地回來了，高聲說：「夥伴們，問題已經解決了，大家不用擔心。我已經請斯洛特先生爲我們的球棒祈禱了，他說，我們只要走進打擊區，用力揮棒就能擊中球心，今天的比賽我們一定能贏，最後的冠軍也一定屬於我們。」

結果，當天聖．安東尼奧隊的成績是二十二分，擊出三十七支安打，其中還包括十一支全壘打。他們不但贏了那場比賽，最後也以輝煌的戰果贏得世界冠軍獎盃。

事實上，歐瑞利什麼事也沒做，只是開著車到外頭閒逛，但他的說詞和逼真的演技讓那些隊員的態度起了很大作用。

法國文豪大仲馬說：「一個人活在世上，應該有與命運較量的勇氣，要有創造一番事業的雄心。」千萬別在邁向成功的道路上自暴自棄，一旦你有了這個念頭，連神仙都救不了你。

「心病要用心藥醫」，這句話可不是專用在男歡女愛的浪漫，想激勵人心，想重建信心，這帖方子更是非常適用，態度決定一個人的成敗，你都過不了自己這關，還能過得了哪個關口？

生活雞精

在這個世界上獲得成功的人，是那些奮力尋找他們想要機會的人；如果找不到機會，他們就自己創造。

——蕭伯納

人生，隨時都可以重新開始

只要你肯把生命的電源找出來，不論你到了什麼樣的年齡，處於人生的哪個階段，潛能一發動，你的世界就會是多彩多姿的。

每個人體內都有尚未開發的潛能。

有的人四歲就會講多國語言，有的人到了八十歲還充滿活力地在亞馬遜河探險，說明了人的潛能是無窮無盡的。

一個人只要還能思考，還充滿著夢想，潛能都會等著你來發動。

人生隨時可以再開始，沒有時間、年齡限制，重要的是，你看不看得見自己的無限潛能。

林白在二十五歲時，成爲世界上第一個飛越大西洋到巴黎的人，約翰．保羅瓊斯則在二十二歲時就當上了海軍上校，拿破崙在二十三歲以前就已經是砲兵隊隊長，艾利．惠特尼二十八歲時成功地改造了軋棉機……

在世界上，有許多年紀輕輕就非常成功的實例，當然也不乏大器晚成、老年圓夢的楷模。

柯馬爾一直到七十歲時，才被世人公認爲鐵路大王，在他八十八歲高齡時，還是當時鐵路界最活躍的人。

哥倫布發現新大陸時也年逾五十，伏爾泰、牛頓、史賓塞，以及湯瑪士、傑佛遜……等人都在八十歲之後，才到達智慧的巔峰，伽利略則直到七十三歲時才發現月球每天、每月的盈虧。

開發潛能，對於中老年人來說，意義十分重大。

在美國，有兩位年屆七十歲的老太太，一位認爲到了這個年紀算是走到人生的盡頭了，開始料理起自己的後事；另一位卻認爲，一個人能做什麼事不在於年齡的大小，而在心境。

於是，她在七十歲時開始學習登山，而且在往後的二十五年裡，一直冒險攀登高山，其中幾座還是世界有名的山峰。

最後，她還以九十五歲的高齡登上了日本的富士山，打破攀登此山的最高年齡紀錄。

赫胥黎提醒我們：「人生不是受環境支配，而是受思想擺佈。」

確實如此，思想的力量是很驚人的，我們對事物的感受與反應方式，不僅僅左右著我們的行爲，更主宰著我們命運。

消極悲觀的生活態度最容易磨損一個人的心志，不但讓人動輒產生負面情緒，更會使人喪失勇氣和信心，最後淪爲生活的奴隸。

在紛紛擾擾的時代，與其整天抱怨生活不如己意，何不如試著換個角度，讓自己的生活變得更快意？

相信自己，只要保持年輕的心境，不管在任何時空下，每個人都能激發出無窮無盡的力量。

只要你肯把生命的電源找出來，不論你到了什麼樣的年齡，處於人生的哪個階段，潛能一發動，你的世界就會是多彩多姿的。

生活雞精

世界之所以有前進的動力，靠的是人不安於現狀；至於滿足的人，總是侷囿於框框之內。

——霍桑

下定決心去做偉大的事情

有遠大的目標，才能激發出令人難以置信的能力，改寫一個人的命運。目標會導引你的一切想法，而你的想法會決定你的人生走向。

法國總統戴高樂曾經這麼說：「眼睛所看得到的地方，就是你會到達的地方；只有偉大的人才能成就偉大的事，他們之所以偉大，是因為決心要做偉大的事。」

一個人如果沒有遠大的目標，一定只會注意到眼前的瑣事。一個僅僅注意到瑣事的人，永遠也到達不了遠大的目標。

重量級拳王吉姆．柯伯特有一回在做跑步運動時，看見一個人在河邊釣魚，收穫頗豐。

奇怪的是，柯伯特卻發現那個人一釣到大魚，就把牠放回河中，只有釣到小魚才裝進魚簍裡。這種情況讓人好奇，於是他就走過去問那個釣魚的人爲什麼要那樣做。

豈知，這位釣客竟然回答：「老兄，你以爲我喜歡這麼做嗎？我也是不得已的，因爲我只有一個小煎鍋，那麼大的魚沒法子煎啊！」

這則軼事會讓你覺得好笑吧！

可是，很多時候我們都在做著同樣的事情，譬如，我們有一番雄心壯志，卻習慣告訴自己：「算了吧，我想的未免太龐大了，我只有一個小鍋，煮不了那麼大的魚。」

甚至還會進一步找藉口，讓自己退後好幾步：「如果這眞是個好主意，我想別人一定早就想過了，反正我的胃口也沒有那麼大，還是挑一些容易的事做就好，可別把自己累壞了。」

一個人要是沒有明確的奮鬥目標，就像一艘無人掌控的幽靈船一樣，永遠也不知道自己究竟要航向何方。

無法找出正確的航路，那就只能在茫茫大海中漂流打轉，即使轉變的契機就在眼前，也會視而不見。

有一位曾經多次獲得跳遠金牌的國際知名運動選手說：「跳遠的時候，眼睛要看著遠處，你才會跳得夠遠。」

有遠大的目標，才能激發出令人難以置信的能力，改寫一個人的命運。想把看不見的夢想變成看得見的目標，首要做的事便是設定自己的目標，這是一切成功的基礎。

目標會導引你的一切想法，而你的想法會決定你的人生走向。

但是，設定目標有一個原則，就是它要有足夠的難度，乍看之下不易達成，可是對你有著足夠的吸引力，讓你肯全心全力完成。

只要我們有了這個心動的目標，再加上一定要實現的信念，那麼成功便是指日可待的事。

生活雞精

明確知道自己在追求什麼，達到目標的決定因素是什麼，這對每人來說都是寶貴的法則。它會幫助你克服一切艱難、困苦和挫折，並獲得成功。

——彼得·利斯

逆境中是你發現智慧的好時機

在人生求勝的過程裡，只有失敗過的人，才知道解決的方法，也唯有經歷過挫折的人，才懂得越挫越勇的美妙。

生命中的逆境處處可見，我們唯一能做的，就是充滿信心面對。

正如戴爾．卡耐基所說的：「當命運交給我們一個檸檬的時候，試著去做一杯檸檬水。」聰明的人知道，在每個挫折之中，都會有生命的啟發；擁抱失意，才能將智慧之門開啓。

美國當代畫家路西歐．方達，早期在創作油畫時，遇到一個大挫折，心中也留下一個烙痕，之後他的創作過程一直很不順心。

有一天，他站在畫布前，呆呆望著畫布許久，因爲他完全不知道自己究竟要如何下筆。突然，他丟下畫筆，拿起一把刀子，把畫布用力割破。

就在畫布「嘶」地一聲破裂剎那間，路西歐腦海也閃過一個念頭：「把畫布割破，算不算也是一種創作呢？」

於是，他把所有畫布找出來，一一割破，而這一割，居然讓他開創出一個新的藝術視野。後來，他還舉辦了一場別開生面的展覽會，從此路西歐便成爲當代最具代表性的藝術家之一。

他就像「被蘋果打中的牛頓」，因爲被失敗的蘋果擊中，他們才會有驚人的頓悟與成就。

在人生求勝的過程裡，只有失敗過的人，才知道解決的方法，也唯有經歷過

挫折的人，才懂得越挫越勇的美妙。

歌德說過，當人們越靠近目標的時候，困難也會越來越多。

當我們能夠通過每一個逆境，能夠搬開每一顆絆腳石時，便朝著目標更進一步。所以，有挫折不必抱怨，反而是一帆風順的人得小心衡量，萬一危險突然出現時，自己是否有應變解決的能力。

每個人經歷挫折的時間不會相同，而剎那間醒悟的感動，卻是每個人都相同；這個「一剎那」，只有親身經歷過的人才會明瞭。

生活雞精

我們應該在自己的心裡激起美好的理想，這種理想將成為我們的指路明燈，成為召喚我們前進的火光。

——法國文學家福樓拜

8.

每個人都需要一個偉大的夢想

每一個夢想都代表著我們對未來的期許，
裡頭蘊藏著無限的生命活力，
因為夢想，我們的生活充滿了動力。

每個人都需要一個偉大的夢想

每一個夢想都代表著我們對未來的期許，裡頭蘊藏著無限的生命活力，因為夢想，我們的生活充滿了動力。

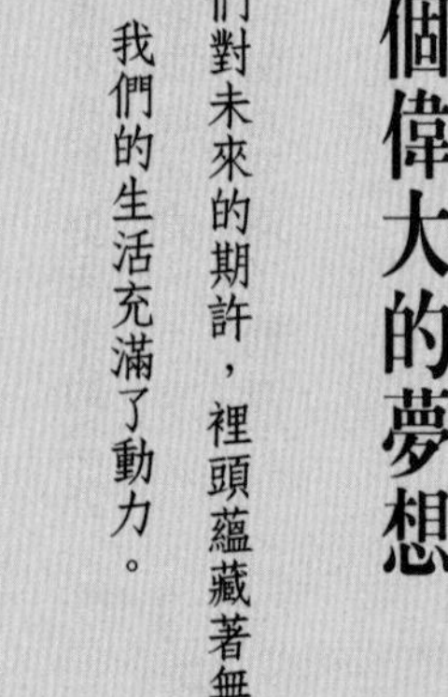

英國政治家迪斯雷利曾說：「如果不知道自己想要什麼，就不會有機會，只有知道自己想要什麼，知道什麼才適合自己，才會看到機會。」

「人生有夢，築夢踏實」，這是大家耳熟能詳的一句話，只是，如何讓它不再只是個口號，全得看追夢人如何去圓夢囉！

有一則勇於追求夢想的眞實故事，發生在舊金山貧民區的一個叫辛普森的小男孩身上。辛普森因爲營養不良又患有軟骨症，六歲的時候，雙腿便嚴重萎縮成「弓」型。

但殘缺的身體，從未讓他放棄心中的夢想，他的願是有一天能成爲美式足球的明星球員。

從小，他就是美式足球傳奇人物吉姆．布朗的忠實球迷，只要吉姆所屬的克里芙蘭布朗斯隊來到舊金山比賽，辛普森一定會跛著步伐，辛苦地走到球場，爲心目中的偶像加油。

由於家境貧窮，買不起門票，辛普森總是等到比賽快結束時，從工作人員打開的大門偷溜進去，欣賞最後的幾分鐘比賽。

有一次，布朗斯隊和舊金山四九人隊比賽結束後，在一家冰淇淋店裡，他終於有機會和心中的偶像吉姆．布朗面對面接觸，而那也正是他多年來最興奮、最期待的一刻。他大方地走到這位球星的前面，大聲說：「布朗先生，我是您忠實的球迷！」

吉姆．布朗和氣地向他說了聲謝謝，辛普森接著又說：「布朗先生，我想跟您說一件事……」

吉姆．布朗轉過頭來問：「小朋友，請問是什麼事呢？」

辛普森一副驕傲的神態說：「我清清楚楚地記著，您創下的每一項紀錄和每一次的攻防哦！」

吉姆．布朗開心地回應著笑容，拍拍他的頭說：「孩子，真不簡單。」

這時，辛普森卻挺起胸膛，眼睛閃爍著熾烈光芒，充滿自信地說：「不過，布朗先生，有一天我要打破您創下的每一項紀錄！」

聽完小男孩的話，這位橄欖球大明星微笑地說：「哇，好大的口氣，孩子，你叫什麼名字？」

小男孩得意地說：「奧倫索，我的名字叫奧倫索．辛普森。」

儘管一點都不被看好，小辛普森仍懷著偉大的夢想，後來他不僅打破了吉姆．布朗寫下的所有紀錄，更刷新了許多新的紀錄。

曾經擔任聯合國秘書長的瑞典政治家哈瑪舍爾德曾說：「我們無從選擇命運的框架，但我們放進去的東西卻是我們自己的。」

從小開始，我們就做著不同的夢，每一個夢想都代表著我們對未來的期許，裡頭蘊藏著無限的生命活力，因爲夢想，我們的生活充滿了動力，因爲有夢，我們才會在生活中希望無限。

夢想是必須的，但是要堅持決心，踏實築夢，你的夢想才有落實的一天，要像小辛普森一樣，堅定自己的夢想，立定目標前進，你才能有機會看見屬於自己的精彩人生。

生活雞精

重新鑄造自己，就是發現選擇機會；決定發展方向，努力實現目標的過程，是重新駕馭自己生活的過程。

——海厄特

突破自我，就能跳出生活的瓶口

不要再替自己找藉口；只要能夠堅持目標，用心突破瓶頸，人生的出口一定會無限寬廣。

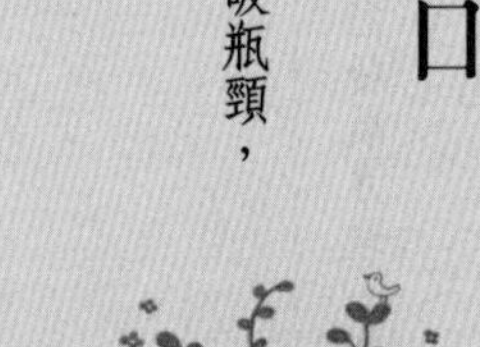

很多人習慣把事情訂在一個界線之內，一旦不能突破，就會退縮到安全的界線內，並告訴自己：「算了吧！我的能力就只有這些」，殊不知那條界線，其實正劃分著勝利與失敗。

有一位推銷員，年營業額從四萬美元一下子爬升到十餘萬美元，很多人羨慕之餘紛紛問他究竟是如何辦到的。

他笑著回答說，那是因爲他學到了一件事，才使得業績呈倍數成長，那件事就是學會如何訓練跳蚤。

你知道如何訓練跳蚤嗎？

在訓練跳蚤時，要先把牠們放到廣口瓶中，用透明蓋子蓋上。

起初跳蚤會跳起來撞到蓋子，而且是一再地撞著，但是，慢慢的，你會注意到一件有趣的事，跳蚤會繼續跳著，不過，久了之後，便不再跳到足以撞到蓋子的高度。

然後，你拿掉蓋子，雖然跳蚤繼續在跳，但絕對不會跳出廣口瓶之外，理由很簡單，牠們已經把自己的跳躍能力調節到瓶蓋的高度之下。

人也一樣，不少人準備做一件偉大的事情，打破某個紀錄或進行一項破天荒的創舉。剛開始，他們的夢想與野心十分遠大，但是在生活的道路上，並不是時時刻刻都能隨心所欲，一定會有碰壁的機會。

一旦碰壁了，心境難免沮喪、低落，親友或同事們的消極批評，更容易使自己受到影響，開始認爲自己所定的目標「超過了自己的能力」。

於是，最後便認爲自己能力不足，淨爲自己找失敗的藉口，就像跳蚤主動調降自己的跳躍能力一樣，想成功自然是不可能的了。

但是，前述那位成功的推銷員，不僅不讓自己受到消極的影響，更要求擺脫「失敗者的藉口」，於是，他給自己設定一個目標，每當遇上瓶頸時，就激勵自己：「我一定要打破紀錄，成爲世界上最優秀的推銷員。」

他要求自己，每天都要賣出三百五十美元的商品，這種決心使得他的生意在一年之內增加了三倍。

不僅如此，他還應用了這些「目標達成」和「跳蚤訓練原理」，一舉而成爲美國著名的演說家和銷售訓練員之一。

一個人能不能順利完成夢想，並不在於先天擁有什麼能力，而在於是否擁有下定決心執行的勇氣。

許多人一旦碰到了困難，總是輕易放過自己，逃得遠遠的，不僅讓一切從頭開始，還自訂了前進規則：「前進一步退三步」，於是，只見生命的瓶口越來越狹窄，甚至看不見出口。

你可以爲自己設定一個目標，並有計劃地用各種方式爲自己的能力加碼，不要再替自己找藉口；只要能夠堅持目標，用心突破瓶頸，人生的出口一定會無限寬廣。

生活雞精

失敗與成功的界線如此細微，以致於我們常常就站在它的界線上，卻毫無所覺。

——艾伯特·赫巴德

恐懼會讓你淪爲生活的奴隸

與其害怕恐懼地逃避著，不如大膽地面對吧，只要你把花在恐懼的時間拿來實踐、前進，你會發現所有的害怕、擔心都是多餘。

恐懼最容易磨損一個人的心志、情緒，會使人喪失勇氣和信心，最後淪爲生活的奴隸。

明明事情都還沒開始，許多人的心情就開始緊張起來，不是四肢無力，就是在開始前一秒就感到自己快要虛脫、窒息。

眞的有那麼嚴重嗎？事情都還沒開始呢！

在英國曼徹斯特有一項克服飛行恐懼的訓練課程，課程中的最後一段航程是由英國本土飛至曼徹斯特。

有一批隊員進行到這段課程時，卻遇上了惡劣的天氣，天空烏黑密佈，但是，隊長卻堅持必須照原定計劃進行。

飛機升空之後，風雨交加，機身搖晃得非常厲害，還好飛行了一個鐘頭後，飛機總算安全降落。

隊員們在飛行過程中，大都表現得非常鎮定，一直到著地後，有位年紀較大的隊員忍不住對隊長說：「你的表現很令人佩服，但是在狂風暴雨中飛行，你不覺得太危險了嗎？」

隊長回答說：「許多人對飛行有所誤解，他們以爲飛機如果在空中熄火便會馬上墜落，其實不然，即使是最大型的飛機，也會在空中滑翔好一陣子才墜落，而且以我們的專業訓練和經驗，即使天候不良，一點也不會影響飛行的安全。」

對某些人來說，光是叫他們上飛機就有點困難了，因爲他們害怕搭飛機，而這種恐懼有一部分是由於他們缺乏對飛行的了解。

經過這一連串的訓練，許多害怕飛行的學員，不僅克服了恐懼，也讓自己更有自信。

就像這位隊長所說的：「恐懼，就像你遇上一隻兇狠大叫的狗，如果你轉身就跑，牠肯定要追上來咬你一口。」

許多人面對自己恐懼的事物，往往斗大的冷汗滴答落下，心跳猛烈地撞擊，全身不由自主地抖著，但事情都還沒開始，怎麼會這樣呢？

心理醫師解釋這種現象說：「這是因爲想太多了！」

好一個「想太多」，有意思吧！

是啊，我們不都是想太多了嗎？在還沒開始前，想著可能遭遇到的失敗挫折；完成後又擔憂著未來可能碰上其他的困難。

不管用什麼角度想，不論在什麼時候想，那些都只是多餘的擔心和害怕，讓事情永遠停在原地，讓自己無法突破，甚至選擇退縮。

這樣的生活，難道你不覺得疲累嗎？

與其害怕恐懼地逃避著，不如大膽地面對吧，只要你把花在恐懼的時間拿來實踐、前進，你會發現事情再差也不過如此而已，所有的害怕、擔心都是多餘。

生活雞精

只要下定決心克服恐懼，便幾乎能克服任何恐懼。因為，除了在腦海中，恐懼無處藏身。

——戴爾．卡耐基

一個屁股不能坐兩張椅子

腦海中計劃了那麼多事情，你完成過哪一項？是不是連最重要的事都沒做好？走過了一段不長也不短的人生路，生命是否仍然空白？

德國哲學家黑格爾說：「一個善於限制自己的人，才有指望成功。」

這是因爲人的慾求太過旺盛，要限制自己的某些願望，才能讓注意力集中到最主要的願望上。

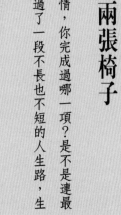

別太貪心，所謂「梧鼠技窮」就是這麼回事，你越是貪心，什麼都想要，每一種都要了一些，但沒有一樣是專精的，最後當然技窮囉！

一個屁股不能坐兩張椅子，想要獲得成功，一定要選定一個你眞正想完成的目標努力去達成，千萬別太貪心，不然你肯定要一事無成。

義大利著名的男高音帕瓦羅蒂，還是個小孩子時，父親雖然是麵包師，對音樂卻非常有興趣，從小就教導他學習如何歌唱。他鼓勵帕瓦羅蒂要刻苦練習，培養自己的實力。

後來，他拜了一位名叫阿利戈的專業歌手爲師，當他即將從音樂學院畢業的時候，問了父親一件事：「爸爸，畢業之後，我是要當位音樂老師，還是成爲一個歌唱家呢？」

他的父親這樣回答：「孩子，如果你想同時坐在兩把椅子上，是絕對不可能的事，你肯定會從這兩把椅子上摔下來，記住，別想貪心地同時坐在兩把椅子上，生活中你只能選定一把椅子坐。」

帕瓦羅蒂最後選擇了當歌唱家，忍受不斷失敗的痛苦，經過長達七年的煎熬，終於有了第一次登台演出的機會，再奮鬥七年之後，終於進入了大都會歌劇院。

許多人問他究竟如何成功，他回答說：「方法很簡單，不管我們的選擇是什麼，關鍵只有一個，那就是選定一把椅子就好。」

想要獲得成功，必須先問自己想到達哪個位置，然後竭盡全力迎向前去，而不是認爲自己是天才，可以做好所有想做的事。

如果你不知道自己眞正想要的是什麼，不知道定位在哪裡，那麼你的人生就會像無頭蒼蠅失去方向。

自己腦海中計劃了那麼多事情，你完成過哪一項？

是不是連最重要的事都沒做好？

是不是走過了一段不長也不短的人生路，生命是否仍然空白？

仔細想一想，是不是因爲自己太貪心了，老是想一心二用？

別再這麼漫無目標地追求，別再這麼沒有效率活下去了，你還有多少時間可以浪費呢？

太貪心的話，小心噎著，選定一張椅子坐就好，不然你永遠只能在不斷的跌倒中後悔。

記住，千萬不要陷入眼前的雜亂事務而不能自拔！

生活雞精

目光遠大的人應當將自己的每一個願望擺好位置；貪得無饜常常使我們同時去追逐許多目標，以致貪小失大。

——拉羅什富科

只有危機才能創造奇蹟

奇蹟因為需要而發生，一切都是有著無限潛力的人們，在受到強烈刺激的情況下，把自身的潛能瞬間爆發出來！

人爲什麼會不斷創造出奇蹟？

奇蹟不是無法解釋的神蹟，也不是天顯神威的結果，而是每個人都有無限的潛能，一旦全神貫注面對危機，它就會猛烈爆發出來，只是平時沒有機會或方法把它激發出來罷了。

有一位農夫的十四歲兒子對汽車非常著迷，因爲年紀尚未達到考取駕照的門檻，還不能上路，但是這位很寵小孩子的農夫還是讓兒子在農田附近學習開車。他的兒子學習能力很強，很快就能夠操縱車子，於是農夫就准許他在農場裡練習開車，但是不允許他開到外面的路上。

有一天，車子突然翻進了水溝裡，農夫嚇了一大跳，連忙跑到出事地方。他看兒子被壓在車子底下，動彈不得，只有頭部露在外面。

這位農夫並不高大，但是，愛子心切的他毫不猶豫地跳進水溝，雙手伸到車子底下，一股勁把車子抬了起來。

農夫緊急將孩子送到醫院，醫生很快替男孩檢查一下，還好只是皮肉傷，其他並無大礙。

這時候，農夫突然想起剛才的事——自己竟然能抬起那輛車，事後他好奇地想再試驗一次，結果卻完全動不了那車子。

對於這個奇蹟，醫生普遍的解釋是，這是身體機能對緊急狀況產生反映，腎上腺因此大量分泌激素，傳遍全身後產生的龐大力量。

不管是腎上腺分泌激素，還是愛子心切所創造的奇蹟，都說明只要心裡充滿強烈的渴望，就能達成自己的目標。

奇蹟因爲需要而發生，一切都是有著無限潛力的人們，在受到強烈刺激的情況下，把自身的潛能瞬間爆發出來！

生活雞精

疑慮是我們心中的叛逆者，由於害怕去追求，使我們失去我們通常能夠贏得的東西。

——莎士比亞

別讓衰神繼續跟著自己走

別再皺眉頭了！不想讓衰神再跟著自己走，你就得先照亮自己，改變生活態度，隨時問自己：「什麼才是自己最想要的？」

俄國文學家高爾基在他的名著《我的大學》裡，曾經寫過這麼一段深刻的句子：「人生太苦了，所以每一個人的靈魂都需要一顆糖。」

人的一生本來就充滿選擇，如何面對發生在自己眼前的事情也是一種選擇，你可以微笑面對，也可以哭鬧賴皮。

什麼才是面對事情的最好方法，並沒有標準答案，因爲你的選擇決定你的人生，別人無法替你做選擇。只能說，哪一種方法能讓你覺得自己在享受生活，那就算是不錯的決定了。

約翰是某大飯店的經理，肩負著別人難以想像的沉重壓力，但是，在他的臉上卻無時無刻掛著愉快的微笑，只要一看見他，每個人的心情都會跟著好了起來。只要問他近況如何，他一定回答：「非常好，天天都很開心。」

當他看到同事心情不好的時候，他會加以安慰，還會教導他們如何調理自己的心情。

他常常告訴同事說：「每天醒來的第一件事，我都會對自己說：約翰，今天你有兩個選擇，一是開心，一是不開心。你認爲我應該選擇什麼？自然是開心囉！」

當有不幸的事情發生，我們可以選擇成爲自憐自艾的受害者，接受同情和協助，但也可以選擇堅強去面對，並從中學習、成長；因爲這是我的人生，我們有權選擇。

有一天深夜，約翰下班返家之時，被三個持槍的歹徒攔路搶劫，還被開了一槍，倒在血泊中。

他很幸運地被人發現，及時送進醫院急救。

病情穩定之後，朋友來探望他，他還開著玩笑說：「我的心情好得很，想不想看看我的傷疤？」

朋友問他，事發當時他心裡想了些什麼，約翰說：「當我躺在地上的時候，我告訴自己，我有兩個選擇，不是生就是死，我當然要選擇活下去。醫護人員在我的身邊安慰著我，鼓勵著我，雖然我知道當時自己的傷勢並不樂觀，但我知道我一定能夠撐過去，只要我願意。」

在急救的過程中，當護士大聲問他有沒有對什麼東西過敏時，他馬上回答：「有！」

這時，所有的醫生、護士都停了下來讓他說下去，他吸了一大口氣，接著大吼說：「子彈！」

所有人都大笑一聲，接著他又說：「我不是將死之人，請把我當個活人醫就對了。」

於是，約翰就這樣活下來了，而且活得更加精彩。

法國著名的小說家莫泊桑曾經這麼說過：「人生雖然不像想像中那麼好，但也不像想像中那麼糟。」

生命本來就充滿選擇，我們的生活態度將決定我們的生活內容。

我們可以選擇不開心，放著重要的事不管，挺著一肚子的怨氣四處發牢騷，但是靜下心來想一想，抱怨之後我們得到了些什麼？更多的同情，還是更多的幫忙？

是一無所獲吧！甚至很多人根本一點也不理睬你。

所謂的「把自己哭衰」就是這麼回事，總是覺得自己的生活灰暗的人，怎麼會有明亮的人生？

別再皺眉頭了！如果不想讓衰神再跟著自己走，你就得先照亮自己，改變自

己的生活態度，隨時問自己：「什麼才是自己最想要的？」

只要選定了你希望的生活目標，調亮你的生活態度，生命的選擇權就在你手上，而且你會發現，原來世界正跟著你的希望在轉動。

生活雞精

未來有兩種前景，一種是猥猥瑣瑣的，一種是充滿理想的。上蒼賦予人自由的意志，讓人可以自行選擇，你的未來就看你自己了。

——大仲馬

賺錢不是人生唯一的目標

賺錢是最壞的目標，只要你能把眼光先放在間接財富上，知道追求理想更重於獲得金錢，直接財富就會源源不斷來到你身邊。

安德魯·卡內基三十三歲的時候，成爲聞名世界的「鋼鐵大王」，那一年，他勉勵自己：「人生必須有目標，但賺錢是最壞的目標，我希望在直接的財富之外，每個人都會看到間接財富；在狹義的財富之外，有胸襟見到廣義的財富。」

金錢應該是成功的附屬品，如果你把賺錢當成人生的唯一目標，只會使你淪爲微不足道的小人物。

有一年的夏天，天氣特別炎熱，一群鐵路工人正在月台邊的鐵道上汗流浹背地工作時，一列火車緩緩開了進來，打斷了他們的工作。

火車停了下來，有一節車廂的窗戶打開了，車廂內的空調系統散發出陣陣冷氣，一個低沉的、友善的聲音從窗口傳了出來：「大衛，是你嗎？」

大衛是這群工人的負責人，聽見熟悉的聲音後，高興地回答說：「是我，是吉姆嗎？見到你眞高興。」

吉姆是鐵路公司的總裁，大衛和他是非常好的朋友，兩個人開心地聊了一會兒，不久，火車要繼續起程，兩人只得不捨地握手道別。

火車遠離後，工人們立刻包圍著大衛，他們非常好奇大衛竟然和公司總裁相識。大衛神情得意地解釋說，二十年前他和吉姆是同一天上班，一起在這條鐵路上工作。

這時，有人開玩笑地調侃大衛，問他爲什麼現在仍在大太陽底下工作，而吉姆卻成了鐵路公司的總裁。

只見大衛惆悵地說：「因爲，二十年前我只是爲了一小時一・七五美元的薪水而工作，但吉姆卻是爲了這條鐵路而工作。」

看待工作的心態，會決定一個人日後能否出類拔萃。

當然，並不是說，工作不需要金錢來維持，也不是說我們可以不靠金錢而生存，而是我們應該提醒自己，要把金錢當做工作的回報，相信工作付出得越多，金錢自然回報得越多。

如果，你把注意力由工作轉向金錢，不僅會使自己失去工作之時應有的敬業精神，更會因爲急功近利的工作態度，讓你只想著如何獲得金錢，而忘記遠大的理想。

沒錯，錢不是萬能，但沒有錢也萬萬不能，只是，過度計較一元二角時，你是不是失去了更大的財富——一種累積再多金錢也無法買到的未來？

就像安德魯．卡內基所說的，賺錢是最壞的目標，只要你能把眼光先放在間接財富上，知道追求理想更重於獲得金錢，先累積間接財富，直接財富就會源源不斷來到你身邊。

當你知道追求的目標就在最高的地方，朝著目標一步一步爬上去，認眞紮實地累積你的每一步，那才算是走在成功的道路上。

生活雞精

以掙錢為最高目的的人，正不知不覺把他們的生命和靈魂出賣給富人，或者代表金錢的組合體。

——泰戈爾

用汗水代替口水

英國詩人布雷克：「光會想像而不行動的人，只是生產思想垃圾。成功是一把梯子，雙手插在口袋裡的人是爬不上去的。」

曾經榮獲諾貝爾文學獎的美國作家賽珍珠曾說：「我從不等待好運的來臨。如果你一味等待，就不能完成任何事情。你必須記住，只有動手才能有所獲得。」

你還在等待好運從天下掉下來嗎？別再做夢了！趕快行動吧！

有位學問高深的窮教授，和一位文盲同住在一間破舊的公寓裡，儘管兩個人

的地位懸殊，學識、性格都有天壤之別，但兩個人卻有一個共同的夢想，那就是想儘快富裕起來，脫離貧窮的生活。

每天晚上，教授在感慨自己懷才不遇之餘，都會翹著二郎腿大談他的致富經，而文盲則靜靜坐在旁邊，虔誠地聆聽他的發財構想。

他非常欽佩教授的學識與智慧，每天專心聽著教授的理論，後來便開始照著他的致富方法去實踐。

幾年之後，這位文盲真的成爲一位大富翁，然而，這位滿腦子構想的教授，卻仍依舊住在破公寓裡，每晚空談他的致富理論。

從這則小故事中，我們知道，理論固然重要，但是再好的理論，如果沒有訴諸行動也是枉然。

許多人也常常過著這樣的日子，老是喜歡空談理論，大談夢想、未來，卻不肯把花在嘴巴上的言詞化作行動。我們不是常說「一分耕耘一分收穫」，或是「要怎麼收穫，先要怎麼栽」嗎？唯有採取行動，援用你的理論，把口水變成汗水，夢想就不再是空想。

人喜歡癡心妄想，總是等待著幸運從天上掉下來，或是光說不練，等待著別人成功之後會拉自己一把。

人對於自己的一生當然必須有美好的憧憬，但是，這種憧憬是不可能靠著空談和等待而實現的，殊不見，最後功成名就的人，都是付出行動解決問題的人，他們照著正確的原則掌握主動，做了需要做的事件，並完成工作目標。千萬要記住英國詩人布雷克的叮嚀：「光會想像而不行動的人，只是生產思想垃圾。成功是一把梯子，雙手插在口袋裡的人是爬不上去的。」

生活雞精

如果你做事缺乏誠意，或者遲遲不願動手，那麼，即使你有天大本事，也不會有什麼成就。

——狄更斯

9.

別再當一個埋沒才華的傻瓜

開採你體內的「金礦」和「油田」，
這些資源才是真的取之不盡，用之不竭；
一旦你漠然置之或不去深鑿，天份自然會被埋沒。

逆境是上天恩賜的禮物

如果，你期望有個不平凡的生活，渴望有個精采人生，請期待任何「艱苦」與「困難」的到來，那些正是你成就非凡人生的重要墊腳石！

法蘭西斯．培根曾說：「在順境中也有可怕與不如意的事；在逆境裡，又未嘗沒有慰藉和希望。」

一個人的成功、幸福，往往來自對各種不同環境的適應能力，只要願意試著用喜愛的心情面對，那麼無論遭遇什麼困境，都會是通往成功、幸福的途徑。

世界級的小提琴大師帕格尼，自小琴藝天分便展露無遺，不過即使是個音樂奇才，帕格尼從小也經歷了各種艱難和困苦。

自四歲的一場痲疹開始，帕格尼幾乎是在病痛中成長；七歲那年，他差點死於猩紅熱；十三歲時則罹患肺炎，必須大量放血治療；四十歲時，因爲牙床突然發膿，幾乎拔掉所有的牙齒。接著，牙床才剛康復，他的眼睛卻感染可怕的傳染疾病。

不幸的事接二連三，五十歲之後，帕格尼在關節炎、腸道炎與結核等病痛中辛苦生活，這些可怕的災難惡狠狠地吞噬著他的生命。

有一天，他忽然吐了口鮮血，便結束了生命。

然而，被折磨了五十七個年頭，連死後老天爺仍然不放過他，他的遺體經歷了八次搬遷，最後總算入土爲安。

面對這些病痛，帕格尼從小習慣把自己囚禁。他從三歲開始便經常躲在房裡練琴，而且一練就是十二個小時。

十二歲時，他舉辦了首場個人音樂會，而且一舉成名。日後，他的琴聲遍及歐洲各個角落，歌德曾讚美他的琴音是：「在他的琴弦上，不知道充滿了多少靈魂。」

十三歲開始，他便過著流浪的生活，雖然他曾經與五個女人有過感情糾葛，但是卻一直都得不到眞愛，他曾經這麼說：「在我的生命裡，只有小提琴這個唯一的兒子。」

音樂家李斯特在聽過他琴音時的驚呼，最能道出這位大師創作出來的生命樂章：「天哪！在這四根琴弦裡，不知道包含了多少苦難、傷痛和受到殘害的靈魂啊！」

生活艱困而生命堅強的小提琴大師帕格尼，在李斯特的嘆息聲中，更顯得光芒萬丈！

上天賦予我們生命，便有其存在的價值與目的，即使附加許多難以承受的苦難，在這些困頓的環境裡，我們也會品嚐到其中的甘甜與美好。

就像帕格尼一樣，以自己堅強的生命力，發展他獨特的音樂天分，更以難得的經歷，創作出撼動人心的樂章。

在身體殘缺者的身上或絕症患者的眼神中，我們不斷地看見生命的活力，更發現令人驚異的堅強毅力。

如果，你期望自己能夠有個不平凡的生活，渴望有個精采人生，請期待任何「艱苦」與「困難」的到來。只要充滿自信，那些折磨，就會是你成就非凡人生的重要墊腳石！

生活雞精

人，當作自己看待時，他是有限的，但是當他在自己本身中，卻是無限性的泉源。他是自己本身的目的——他在自身中有一種無限的價值一種永恆的使命。

——德國哲學家黑格爾

想要成功就必須持續行動

成功只能在行動中產生，想出人頭地，除了設定目標努力工作之外，真的沒有其他任何捷徑，更沒有替代道路。

很多人之所以會在人生旅途一再失敗，原因在於他們只想輕鬆收割，卻從來不願辛勤播種和耕耘。

其實，凡事都要腳踏實地去做，不馳於空想，不騖於虛聲，以實事求是的態度，認真踏實去做，才可能獲得寶貴的成功。

只要你盡了力，你希望的事情都會實現。

有一個衣衫襤褸、滿身補釘的小男孩，有一天走過一大樓的工地，見到一位衣著華麗、口叼煙斗的大老闆在現場指揮工人，便鼓起勇氣向他請教：「我要怎麼做，長大後才會跟你一樣有錢？」

這老闆甚感意外，低頭打量了小傢伙一眼，對他說了一個小故事：

在一個開挖溝渠的工地裡，有三個工人在工作，一個拄著鏟子說，他將來一定要做老闆；第二個則抱怨工作時間長，報酬低；但第三個什麼話也沒說，只低頭努力挖。

好幾年以後，第一個仍拄著鏟子，嚷著自己以後要當老闆，第二個則早已找了藉口退休，至於第三個，後來不僅成了那家公司的大老闆，而且還讓公司更上一層。

這位老闆說完之後，問小男孩：「你明白故事的寓意嗎？小伙子，好好埋頭苦幹吧！」

但是，小男孩卻仍然滿臉困惑，大老闆看了看四周，指著那批正在架子上工作的工人，對男孩說：「你看到那些人嗎？他們全都是我的工人，但是我無法記住他們每個人的名字，甚至有些人根本都沒印象。但是，你仔細看他們之中，只有那邊那個曬得紅紅的傢伙，就是穿著一件紅色衣服的那個，以後才會出人頭地。」

大老闆分析說，自己很早就注意到他，因爲他總是比別人賣力，做得更爲起勁。每天他都比其他的人早上班，工作時比別人拼命，而下班時間，他都是最後一個走。加上他穿的那件紅襯衫，使得他在這群工人中間特別突出。

大老闆笑著說：「我現在就要過去找他，請他當我的監工，我相信，從今天開始他會更加賣命，說不定很快就會成爲我的副手。」

看完這個故事，你是否已經知道如何才能獲得成功？

如果還不是很清楚，接著看看法國詩人夏爾在《甦醒的睡神》裡寫的這句話：

「在行動上應該簡單實際，在預見上應該像一個戰略家。」

成功只能在行動中產生，想出人頭地，除了設定目標努力工作之外，真的沒有其他任何捷徑，更沒有替代道路。

只要你確定付出了心力，也紮紮實實地盡了全力，不必想太多，所有你想要你希望的事，都會自自然然地實現。

生活雞精

一個人怎樣才能認識自己呢？絕對不是通過思考，而是通過實踐。盡力去履行你的職責，那你就會立刻知道自己的價值。

——歌德

用熱忱灌溉，沒有什麼事是不可能的

從來就沒有熱情於工作的人，會因為太熱情了丟了工作，
也從沒有認真付出的人，會因為太過認真而無法成功。

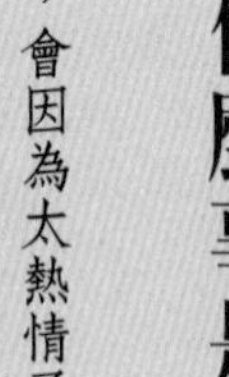

詩人拜倫曾經說過：「折磨是通往成功的第一段道路。」人的一生當中，可能會遇到各式各樣的困難和挫折，想要成功，就必須勇敢面對它們，戰勝它們。

有人說，人生的命運是一尊雕像，磨難猶如一把鋒利的雕刻刀，人就是用這把刀來刻劃命運的雕刻家；一尊美好的雕像的誕生，需經過磨難的洗禮，更需要雕刻家的堅毅和深沉。

美國著名的推銷員查姆斯擔任某公司銷售經理時，曾經因爲有心人士散佈該公司發生財務危機的謠言，導致整體業績一落千丈。

這件事嚴重影響了員工們對公司的向心力和工作熱忱，特別是負責推銷的銷售人員更因此失去衝勁，銷售成績直線下滑。

由於情況極爲嚴重，查姆斯不得不召開一次大會，把分佈在全美各地的推銷員緊急召回參加這次會議。

會議進行時，他首先請業績最好的幾位銷售員站起來，要他們說明銷售量下滑的原因。這些銷售員一一站起來，不是歸咎於經濟不景氣，就是抱怨廣告預算太少，再不然就是推說消費者的需求量不大。

聽完他們列舉的種種困難情況後，查姆斯突然高舉雙手要求大家肅靜。然後，他說：「停，會議暫停十分鐘，我要把我的皮鞋擦亮。」

接著，他叫坐在附近的一名黑人小工友把擦鞋工具箱拿來，把他的皮鞋擦亮。

在場的銷售員都不明白此舉有何用意，不禁竊竊私語。

會議暫停之時，那位黑人小工友不慌不忙地擦著，俐落地表現出最專業的擦鞋技巧。

皮鞋擦亮後，查姆斯先生給了小工友一毛錢，然後發表他的演說。

他說：「我希望你們每個人，好好看看這位小工友，公司裡的每一雙皮鞋都是他擦的，在他之前是位白人小男孩，年紀比他大，儘管公司每周補貼他五塊錢的薪水，加上工廠裡數千名員工的賺錢機會，他卻仍然無法賺取足夠的生活費用。但是，這位黑人小男孩卻可以賺到相當不錯的收入，每周還可存下一點錢。現在，我想請問你們一個問題，那個白人小孩拉不到生意，是誰的錯？是他的錯還是顧客的錯？」

那些推銷員不約而同地大聲說：「當然是那孩子的錯。」

「沒錯！」查姆斯回答：「現在我要告訴你們，這個時機和一年前的情況完全相同，同樣的地區、同樣的對象及同樣的商業條件，但是，你們的銷售成績卻遠遠比不上去年。這到底是誰的錯？是你們的錯，還是顧客的錯？」

全體推銷員同樣又傳來如雷般的回答：「當然，是我們的錯！」

「我很高興，你們能坦率承認你們的錯。」查姆斯說：「現在我要告訴你們錯誤在哪裡，你們一定聽到了公司財務發生問題的謠言，才影響你們的工作熱忱；不是景氣不好，而是你們推銷態度不像以前那樣熱情賣力了。現在，只要你們回到自己的銷售地區，並保證在三十天內提高自己的銷售業績，那麼本公司就不會有財務危機，你們做得到嗎？」

「做得到！」幾千名員工一起大喊，後來他們果然辦到了，還讓公司的業績突破紀錄。

愛默生曾說：「每一種折磨或挫折，都隱藏著讓人成功的種子。」

的確，不論做任何事都需要勇氣，尤其是接受別人折磨的勇氣，因爲，如果我們不敢接受人生中的各種折磨，甚至不懂得感謝折磨你的人，就無法從折磨當中找到成功的眞諦。

不管在什麼樣的領域，或是什麼樣的身份，只要肯用心、有熱忱，就一定能把每份工作做到最好。你一定要用這樣的態度，告訴自己：「只要我肯努力，一切都會是最好的情況。」

從來就沒有熱情於工作的人，會因爲太熱情了丟了工作，也從沒有認真付出的人，會因爲太過認真而無法成功。凡事只要興趣不減，熱情不減，再艱辛的難關都一定會走過去的。

生活雞精

失敗之後，要誠實地檢討自己，只有坦率地檢討為什麼會失敗這個問題，才能使失敗成為成功之母。

——海厄特

別再當一個埋沒才華的傻瓜

開採你體內的「金礦」和「油田」，這些資源才是真的取之不盡，用之不竭；一旦你漠然置之或不去深鑿，天份自然會被埋沒。

想要擁有精采的人生，重點並不在於是否活得比別人絢爛非凡，而是認識自己的價值，不當埋沒才華的傻瓜。

你如何衡量自己的的價值？是用目前自己擁有的能力、才華估算，還是等著別人來品頭論足？

如果你中了頭彩，卻只會坐吃山空，不肯好好利用這筆財富，那麼你和一個不斷把錢撒在海底的人毫無區別，這筆錢對你一點價值也沒有！

很久以前，一家石油公司在奧克拉荷馬州的某塊土地發現了石油，這塊土地是屬於一個年老的印第安人，這老印第安人窮困了一輩子，卻因爲發現石油而一夜致富。

拿到錢後，他做的第一件事就是給自己買了一輛豪華的「凱迪拉克」。當時的轎車，在車後會配有兩個備用輪胎，但是這位印第安人想使它變得更長、更拉風，於是又給它加上了四個備用輪胎。

這輛怪異的豪華車子，每天都在路上行駛。老印第安人很喜歡到處去探望親友，當車子出現在街上的時候，他一定都會分心，而且瞻前顧後、左顧右盼，不停地和熟人打招呼。

有趣的是，他卻從來沒有出過意外，你猜是什麼原因呢？

你一定猜不到，原來他那輛氣派非凡的汽車前面，有兩匹馬拉著，因爲，他連鑰匙如何插進去啓動車子都不會。

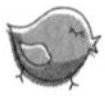

看完這則眞實笑話，一定有人會笑，這個印地安老兄未免太笨了吧！

的確，他是笨了點，但許多人不也是犯著相同的錯誤？

例如，大多數人總是以外在的形勢來衡量自己，保守地評估自己所擁有的能力，而忽略了自己擁有無比的潛能，一旦認爲超過了自己的能力範圍，就開始找藉口說不行。

其實，心理學家一再強調說，一般人終其一生，只把自己具備的能力發揮到百分之二而已。

有位哲人說過這麼一句話：「當一塊錢和二十元同時被扔到海底時，它們的價值就毫無區別了。」

人生也是如此，只有認眞發掘自我，充分激發自己的潛能，你所擁有的價值才是眞實的。

開採你體內的「金礦」和「油田」，這些資源才是眞的取之不盡，用之不竭；

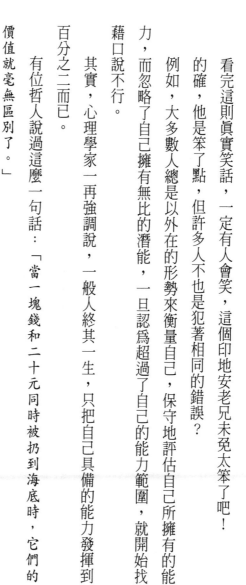

一旦你漠然置之或不去深鑿，天份自然會被埋沒，世間天才和蠢才的差別，其實就在這裡。

生活雞精

一個人如果永遠沒發現蘊藏在他體內的無窮無盡的財富，那才是最大的不幸。

——齊格·齊格拉

一次選擇一種你最想做的事就好

德國哲學家兼文學家歌德曾勸告他的學生：「一個人不能騎兩匹馬，騎上這匹就要捨棄另一匹，聰明人會把分散的精力集中，找出自己最想要的，全神貫注把那它做好。」

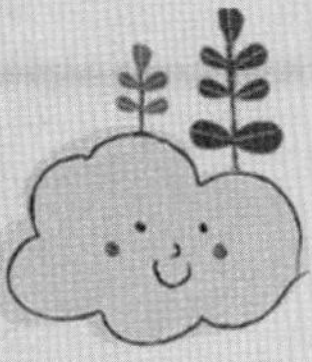

有位哲人曾經這麼說：「一個人怎樣才能認識自己呢？絕對不是通過漫無止境的空想，而是通過全神貫注的實踐。專心致志做好你正在做的事，那麼你就會立刻知道自己的價值。」

想專心致志，似乎是件不容易的事，特別是年輕氣盛的時候。

其實不是不能，只是我們往往自恃甚高，想做的事情太多，於是把時間全花在「想」的動作上，然後囫圇吞棗東碰一下、西碰一下，沒有專心在一件事上，一旦成效未達預期，便開始怨天尤人。

有一個想在科學領域有所成就的年輕人，有一天，十分苦惱地對昆蟲學家法布爾說：「我不知道花了多少精神、力氣在我愛好的事業上，可是至今卻毫無成就。」

法布爾安慰讚許的說：「相信你是一個想獻身科學的有志青年。」

這位年輕人說：「是啊！我愛科學，不過也愛文學，而且對於音樂和美術，我也非常有興趣，爲了這些興趣，我把全部的時間都用上。」

法布爾聽後，皺了眉，從口袋裡拿出了個放大鏡說：「朋友，你必須像這個放大鏡一樣，把你的精神集中到一個焦點上，否則，你不可能會有任何的成就。」

任何成就非凡的學者、科學家，無一不是「聚焦」成功的最佳寫照。

以法布爾爲例，就常常爲了觀察昆蟲的習性而廢寢忘食。

有一次，幾個婦人清早去摘採葡萄之時，看見法布爾俯趴在一塊石頭旁，聚精會神觀察螞蟻，到了黃昏收工時，她們仍然看到他趴在那兒，於是她們狐疑地竊竊私語：「這個人爲什麼花了一整天的工夫看著一塊石頭，看來精神有問題！」

爲了觀察昆蟲的習性，法布爾不知花了多少個日夜，只爲了研究一隻小昆蟲的一個小動作。

正因爲有這些集中精力、廢寢忘食研究的科學家或醫學家，我們才能享受科技的成果，受惠於醫學的進步。他們往往花費大半生在研究一件事務上，專業知識不斷累積，才會有今日的世界進步。

德國哲學家兼文學家歌德曾勸告他的學生：「一個人不能騎兩匹馬，騎上這匹就要捨棄另一匹，聰明人會把分散的精力集中，找出自己最想要的，全神貫注把那它做好。」

找到你最想做的一件事，然後孜孜不倦地努力，只要你能把精力集中到一個焦點上，不管什麼事，你都將得到最大的收穫。

專心點吧，唯有將太陽光集中到一個焦點，才能點著張紙，成功的道理不也是一樣嗎？

生活雞精

除非一個人的工作能夠帶給他內心的滿足，使他感到快樂，否則就不能算是真正的成功。

——姚樂絲．卡耐基

再等下去，你就要變成化石了

歌德說：「不要在夕陽西下的時候幻想什麼，而是要在朝陽初昇的時候立刻投入。」

今日事今日畢，聽起來很熟悉、很老掉牙吧！是啊，這不是從小父母、老師和長輩最喜歡耳提面命的一句話？問題是，包括說這句話的人，誰真的嚴格要求自己徹底遵行了？

其實，生活就是這樣，許多我們聽得很耳煩的話，總是東一句西一句的被灌入耳朵裡，但是，只有當自己遇上問題的時候，這些煩人的小格言，才顯得格外有理，不是嗎？

有一位青年畫家把自己的作品拿給美國大畫家柯羅觀看，請他指導一二，柯羅細心地指正了一些要他改進的地方。

青年畫家感激地說：「謝謝，明天我會把它全部修改過。」

柯羅訝異地問：「明天？爲什麼要等到明天？您想明天才改嗎？要是你今晚就死了呢？」

你會覺得柯羅太烏鴉嘴了是吧？其實一點也不。

人生的許多悔恨都是源自於我們相信自己會擁有許許多多的明天，得過且過地將今天蒙混過去。

許多人都像這位青年畫家，老是告訴自己說：「好，從明天開始，我一定要……」

爲什麼非要等到明天才開始呢？

邱吉爾告誡我們：「要努力，請從今日開始」，不要再想著明天才做。

每個人都知道時間珍貴，然而，總是不知道珍惜，輕易地讓時間從自己手上溜走。

因爲，我們都習慣拖延怠惰，即使是重要的事情也要等著明天才開始做，甚至等著明天之後的明天，在缺乏決心和定力不夠的情況下，把寶貴的時間都浪費掉了。

別再拿「休息是爲了走更遠的路」當藉口，因爲，喜歡說這種話的人，通常一休息就忘了要再趕路。

如果你是那種告訴自己「今天好好休息，明天再認眞出發」的人，那麼，你將不止錯過今天，而且也會錯過明天。

你究竟要等多少個明天才肯動手？

歌德說：「不要在夕陽西下的時候幻想什麼，而是要在朝陽初昇的時候立刻投入。」

不要把事情在放在下一個時間，而要把生命的分分秒秒都抓住手裡；已經決定了就不必等到明天才動手，應該一鼓作氣地前進，那種積極的力量和創造奇蹟的可能性，將會是你所想像不到的。

生活雞精

把握住今天，現在就開始！每天都是一種新的生活，抓住它，因為今天已經走進了明天。

——鮑爾斯

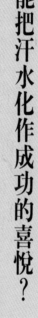

如何才能把汗水化作成功的喜悅？

毅力，是行動的驅動器，也是達成目標的支撐力量。毅力也是成功的基礎，凡事堅持努力到底的人，生活才會充滿希望。

有一句名言說：「一次只要做好一件事，不然你將會一事無成。」這是因爲，急著在太多的領域上獲得成就，我們難免會分心、力不從心，只有每一次選定好一個目標，紮紮實實地盡全力付出，你所流的每一滴汗水才可能會化作通往成功的喜悅。

當你確切知道追求的目標是什麼，就會朝著心中的藍圖一步一步構築自己的夢想，認眞紮實地累積自己的能力和實力，而且樂在其中，不會將過程的種種艱苦當作無窮無盡的折磨。

聖．里納多在一次給校友福韋爾．柏克斯頓爵士的信中，談到了他的學習方法，還說出了自己的成功秘方。

他說：「開始學法律時，對於所有的知識我都努力吸收，並且加以融會貫通，成爲自己的一部分。但是，在一件事還未充分了解清楚前，我是絕不會再學習另一件事。」

許多人在一天之內讀完的東西，他卻得花一星期才能讀完。兩者的差別在於，其他人只想把書本上的東西全都記下來應付考試，但是他卻努力將這些東西化作自己的一部分，因此，一年後，他依然記憶猶新，但其他人卻已經忘得一乾二淨。

聖．里納多的求知精神告訴我們：別再囫圇吞棗！

很多人以爲自己能夠表現多方面的才能，但是，因爲顧及的事項太多，沒能盡全力，最後只能應付了事，反而讓自己更快洩了氣。

在每一種目標追求的過程，能作爲成功保證的，與其說是多樣的才能，不如說是有目標、有計劃的追求，唯有如此，我們才可能展現眞正的實力和眞正的才能。

毅力，是行動的驅動器，也是達成目標的支撐力量。毅力也是成功的基礎，凡事堅持努力到底的人，生活才會充滿希望。

你一定有很多願望和夢想，卻遲遲無法達成。

走到鏡子前面，仔細看著鏡裡的自己，你看到了什麼？

你看到的，是一張老是因爲半途而廢、垂頭喪氣的臉，還是越挫越勇、堅毅不撓的臉？

你的希望就寫在你的臉上，唯一能看得見的人也只有你自己，如果你不想再萎靡不振下去，就應該先把自己的願望排好先後順序，然後擬定計劃努力去實踐。

成功的確是條不好走的路，但只要你目標確立了，你就要堅持不懈，努力實踐自己的夢想。

總之，不管你想走什麼樣的路，就必須盡全力做。

生活雞精

樂觀的人，在每一次憂患中，都能看到一個機會，而悲觀的人，則在每個機會中，都看到某種憂患。

——凱斯特納

「敢做」比「會做」更重要

順應自己的判斷，加上努力實踐，從風險中獲得效益，這是成功者的必備特質，也就是我們常說的膽識過人。

有位哲人說，在這個世界上成就非凡的人，往往不是絕頂聰明的天才，而是資質平庸的凡人，因爲，人太過聰明，就不肯做傻事、花笨功夫，很容易知難而退。

在我們身邊，許多相當成功的人，不一定是他比你「會」做，而是他比你「敢」做。

華爾街股市大亨哈默，五十八歲的時候買下了西方石油公司，開始從事石油生意。

石油是最能賺大錢的行業，正因爲最能賺錢，所以競爭特別激烈。

初次進入石油領域的哈默，想要建立自己的石油王國，無疑面臨著極大的競爭壓力。首先，他就碰到了油源的問題。

當時，石油產量佔美國總產量百分之三十八的德克薩斯州，已經被幾家大石油公司壟斷，哈默完全無法插手；而阿拉伯世界則是美國埃克森石油公司的天下，哈默更難以介入，那油源問題要如何解決？

哈默前後花了一千萬美元勘探毫無結果，決定再冒一次險。

哈默接受了一位地質學家的建議，在舊金山東邊郊區，一塊德士古石油公司放棄的地區著手，地質家認爲那裡蘊藏著豐富的天然氣，建議哈默的西方石油公司把它承租下來繼續探鑽。

於是，哈默千方百計從各地籌集了大筆資金，再次投入這一次冒險的行動。就在探鑽到八六〇英呎深的時候，終於鑽出了加利福尼亞州的第二大天然氣油田，總值估計在二億美元以上。

哈默的成功故事告訴我們，風險和利潤的大小是成正比的，越大的風險越能帶來巨大的收益。

不管做什麼事，都要有冒險犯難的精神，否則不戰而敗，就像運動員競賽時棄權，是一種極端怯懦的行爲。

「敢做」比「會做」更重要，一個成功的經營者，除了有堅強的毅力外，還要有就算會失敗也要嘗試的勇氣。

當然，冒險不是要你鋌而走險，敢冒風險的勇氣是建立在客觀的判斷基礎上。順應自己的判斷，加上努力實踐，從風險中獲得效益，這是成功者的必備特質，也就是我們常說的膽識過人。

想成功嗎？好好培養你的勇氣和決斷力，但千萬別逞匹夫之勇，先充實你的視野和知識，有了過人的膽識來協助，自然能攻無不克，戰無不勝。

生活雞精

太陽每一天沈沒，人類每一分鐘死亡，我們不應當被命運嚇住，而要超過一切障礙前進，在人生的比賽中獲得勝利。

——狄更斯

10.

挫折只不過是生命的轉折

只要我們能用「樂觀」熨平失意傷痛，
願意用「積極」讓身上的傷疤癒合，
失敗與跌倒我們都不足為懼。

挫折只不過是生命的轉折

只要我們能用「樂觀」熨平失意傷痛，願意用「積極」讓身上的傷疤癒合，失敗與跌倒我們都不足為懼。

愛爾蘭作家克里斯蒂·布朗曾說：「如果你因為別人的批評、輕視，就自暴自棄，那麼你將永遠站在失敗的這一邊。」

這句話提醒我們不要將別人一時的評價，當成自己的心靈魔咒，而要藉此激發自己的潛力。

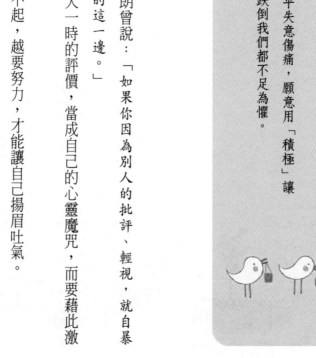

千萬要切記，越被別人瞧不起，越要努力，才能讓自己揚眉吐氣。

無論遇到多少橫逆，不管遭遇多少災禍和苦難，你仍然是你自己，生命的旅

程也依然要繼續！

其實，面對失敗與阻礙，我們的復原能力不差，抵抗困難的本領也很強，只是很多時候我們不想讓自己復原，不想對抗困難而已。

在一次座談會上，有位著名的演說家一開場，便從口袋裡掏出一張二十美元的鈔票，然後高高舉起，對著會議室裡的聽眾說：「誰要這二十塊美元？」

只見台下聽眾幾乎全都舉手。

緊接著，他說道：「朋友們，我真的打算把這二十美元送給你們之中的一位，不過在這之前，請允許我做一件事。」

說完，演說家便將手裡的鈔票揉成一團，然後又問：「誰還要它？」

這回舉起手的人變少了，不過仍有許多人想得到這二十塊錢。

接著，他又說：「好，不過如果我這麼做之後，還有人要嗎？」

說完，他將鈔票扔到地上，然後用腳奮力地踩踏，然後再次拾起這張又髒又縐的鈔票，問道：「這樣還有人要嗎？」

舉起手的人更少了，不過還是有人舉手。這時，演說家笑著說：「朋友們，你們已經上了一堂很有意義的課。你們都知道，不管我如何對待這張鈔票，你們還是願意接受它，那是因爲你們很清楚，不管它變成什麼模樣，它依然價值二十塊美元，從未貶值。」

「我們的人生不也如此？無論我們遇到多少逆境打擊，受到多少挫折而倒下，或是被多少困厄欺凌、襲擊，都不該因此否定自己。記住，不要看輕你自己，無論你們未來會發生什麼事，或將要遇到什麼麻煩，在上帝的眼中，在你們的心中，你永遠是你，不會因爲任何外在變動而喪失價值。對上帝來說，你們始終是無價之寶。」

「對上帝來說，你們都是無價之寶！」從紙鈔的變化中，演說家以這句話作爲最後結語，道出了人必須以正確的態度看待自己的價值。

無論現在的你幾歲，回想這幾十或十幾年來走過的人生路程，無論是求學時遇到的挫折，還是商場上的成敗，點滴整理起來，大概很少有人是一路平順的，再仔細想想，那些當初讓我們覺得萬分難堪，甚至痛苦失意的事件，後來我們都是怎麼走過的？

仔細想想，然後再好好與今天的生活比較，無論現在的情況比過去更好，還是變糟了，最重要的是，經過這一連串的回想、比較後，眼前的自己到底變了多少？是比過去更加堅強，還是變得更爲脆弱了？

人生就像那張紙鈔一樣，雖然變縐了，雖然曾被人踩在腳下，或是被撕破成二半，但它的價值依然和票面上的數值一樣。

挫折只不過是生命的轉折。被撕破的紙鈔，可以用透明膠帶黏合，縐了的紙鈔，只要小心熨平，也能讓它恢復成新鈔時的模樣。

只要我們能用「樂觀」熨平失意傷痛，願意用「積極」讓身上的傷疤癒合，失敗與跌倒我們都不足爲懼。

只有殘缺的心，沒有殘缺的人

不妄自菲薄，更不要看輕別人，每個人皆有無可取代的價值，只要心不殘缺，那麼他便是完美無瑕的！

聽見人們笑談怎麼走過悲慘的過往，看見人們樂觀面對身體的不足，你除了充滿感動外，還得到了些什麼？

不管那些人曾經受過怎樣的重傷，也不管他們比四肢健全的人要更加辛苦生活，眼前他們的人生都是完滿健全的！

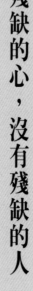

一出生，身體便出現殘缺的蘭納德，身體不僅扭曲變形，智力發展也比其他孩子遲緩，稍長還罹患絕症的他，雖然被病魔一點一滴地吞噬著，但他的父母仍舊十分努力地扶養他，勉勵他要好好活下去。

智力明顯不如人的蘭納德，十二歲才讀到小學二年級，上課時，不僅會在座位上不停地扭動身體，嘴裡還會不自覺地流口水，甚至還會不時發出「呼吃呼吃」的聲音。

雖然，他偶爾能清楚地表達意見，但是這種情況極少，大多數時候他的表現令布蘭妮老師感到挫折、生氣。有一天，布蘭妮老師終於忍不住了，請蘭納德的父母親到學校溝通。

面對蘭納德的父母，布蘭妮老師不客氣地對他們說：「我認爲蘭納德應該到特殊教育學校上學，因爲讓他和這些沒有學習障礙的小朋友一起學習，對他來說是件很不公平的事。」

聽見老師這麼說，蘭納德的母親傷心地哭了，蘭納德的父親則說：「布蘭妮小姐，我們明白妳的爲難，但妳也知道，這附近並沒有那種學校，如果我們現在把蘭納德轉到別的學校，對他來說將是個沉重的打擊，最重要的是，我們知道他很喜歡這裡。」

蘭納德的父母離開後，布蘭妮獨自在教室裡思考很久，窗外正下著雪，冰冷的雪似乎正滲透到她的靈魂深處。她雖然同情蘭納德，但一想到蘭納德對其他孩子們的影響，便感到非常無助，一想到得花費那麼多的時間在蘭納德身上，便感到十分不耐煩。

此時，雪忽然停了，陽光照進屋內，布蘭妮心裡忽然湧現一股罪惡感：「上帝，請您幫助我吧！讓我對蘭納德多些耐心吧！」

想起蘭納德母親的淚水，轉念間，布蘭妮做了決定：「算了，我儘量不要理會蘭納德就好。」

從此，布蘭妮不再斥責蘭納德功課成績不佳，也不再制止他發出怪聲音。有一天，蘭納德一瘸一拐地走到講台前，對她說：「我愛您，布蘭妮小姐！」

布蘭妮先是一愣，接著紅著臉說：「這……很好，蘭納德，謝謝你。現在，請你回到座位。」

從此，布蘭妮對蘭納德不再露出厭惡的表情，對他的包容也越來越大。

春天的腳步越來越近，孩子們也開始討論著即將到來的復活節。這天布蘭妮發給每個孩子一顆塑膠彩蛋，並要求他們：「你們把這復活節彩蛋帶回家，記得明天把彩蛋帶來時，得在彩蛋裡裝進一個能夠代表新生命的東西。」

「是！」孩子們異口同聲地答應。

第二天，孩子們興高采烈地來到學校，開心地將手中的彩蛋放進講台上的籃子裡，等著布蘭妮老師和大家分享他們裝進彩蛋裡的「新生命」。

第一顆彩蛋被打開時，布蘭妮發現裡頭是一朵小花，說道：「很好，花兒是新生命的象徵！」

只見坐在第一排的一個小女孩，得意地舉手喊叫著：「那是我的！」

接著，布蘭妮打開了第二顆彩蛋，裡頭放著一只維妙維肖的蝴蝶標本，「是的，美麗的蝴蝶是從毛毛蟲蛻變而來，因此，它也是新生命的象徵。」

彩蛋一顆又一顆被打開，其中有裝著長了苔蘚的小石頭，也有小木塊，然而，當她打開第十顆彩蛋時卻呆住了，因爲這顆彩蛋裡什麼也沒有，讓她不知道要怎麼說明，她也猜到這顆蛋一定是蘭納德的。

這時，布蘭妮爲了不使蘭納德感到難堪，便輕輕地將那顆彩蛋放到一邊，準備伸手去拿另外一顆彩蛋。

然而，這時候蘭納德卻突然大聲叫道：「布蘭妮小姐，那是我的彩蛋，您爲什麼不說說它呢？」

布蘭妮尷尬地說：「蘭納德，你的彩蛋裡是空的啊！」

蘭納德看著布蘭妮，輕聲地說：「嗯，耶穌的墳墓裡也是空的啊！因爲，他復活了。」

這個世界上只有殘缺的心，沒有殘缺的人。

身爲師者，若心中沒有寬恕心，沒有包容心，執起教鞭肯定非常辛苦，一如故事中的布蘭妮，面對蘭納德的缺陷，一直都不願接納，這麼缺乏愛心的老師，又怎麼能帶好孩子們呢？

反觀蘭納德樂觀、包容和積極生活的態度，強烈對比著布蘭妮殘缺了一角的心。就在那顆空蛋裡，我們看見其中裝滿了蘭納德的滿足，也從中看見布蘭妮的貧乏心。

那我們呢，在這顆空蛋中又看見了什麼樣的自己？

每個生命都是完整無缺的，從蘭納德身上，我們看見了他的堅強與活力，也看見了一個生命眞相：「不妄自菲薄，更不要看輕別人，每個人都有無可取代的價值，只要心不殘缺，那麼便是完美無瑕的！」

「刺激你」是爲了讓你活得更好

讓我們回想生命中曾經遇到的刺激，再看看我們的周遭，有多少人因此而更加積極上進，又有多少人一味地停滯原地？

莎士比亞在《凱撒》劇作中這麼寫道：「任何一個被束縛的奴隸，都可以憑著自己的手掙脫鎖鏈。」

掙脫環境或命運束縛的動力，經常來自於外力的刺激。

很多時候，一個刺激便能喚起一個人的鬥志，當有機會被別人狠狠地刺激一下時，我們不妨將它視爲老天爺的另一種關愛。

這年春天，查利先生不幸去世了，查利太太爲維持這個家的生計，忽然想起丈夫生前曾賣過一些玉米給村裡的紳士杜恩先生，於是便叫十六歲的兒子約翰到杜恩家取款。

約翰對杜恩說明來意之後，杜恩這才恍然大悟地說：「對，你看我都忘了，對不起！」說著，便慢條斯理地拿出一塊美元給約翰。

但是，他接著卻說：「很抱歉，約翰，我必須告訴你一件事，你父親還欠了我四十美元。」

約翰一聽，登時目瞪口呆，因爲四十美元對他們家來說可是一筆巨款，想起父親生前的好賭與懶惰，約翰一點也沒有懷疑杜恩的說詞。

杜恩又問：「不知道你什麼時候可以還清你父親的債呢？」

只見約翰滿臉蒼白地回答說：「不知道，但我一定能還清這筆錢的。」

開始時，約翰把掙來的錢全都交給母親，直到母親那裡的存款足夠支撐一家人的基本生活開銷後，他便開始儲存要還給杜恩的錢。

當他累積了五美元時，再次踏入那幢宮殿似的大房子，對杜恩說：「先生，我想先還您五美元。」

杜恩點了點頭，鄭重地將錢收下。

有一天，一位鄰居塞夫對約翰說：「每年冬天我都會到森林裡打獵，去年冬天我光是賣掉動物的皮毛，就賺了兩百美元，不過你必須先準備七十五美元，買齊那些獵獸的工具。」

約翰聽完後，考慮了很久，決定再次跨入那幢宮殿似的大房子。但是，杜恩聽到他來借錢時，竟漲紅了臉嚷道：「什麼？你要我把這麼大一筆錢借給你？你要怎麼讓我相信，你不會在森林裡餓死或凍死，又如何能償還這筆錢呢？」

只見約翰堅定地說：「如果你不相信，那我就不麻煩你了！」

杜恩盯著約翰看了好久，好像想看透約翰到底有多少能耐，或讓他找到能相信約翰的理由。

最終，杜恩把錢借給了約翰。

念念不忘父親欠的那筆四十美元的約翰，正分心聽著塞夫的叮囑：「過河時，千萬不要在冰面走，現在的冰面已經變薄，你要仔細找出冰化河段，然後做個木筏划過去，雖然這要多花許多時間，但卻是最安全的方法。」

然而，心急的約翰並沒有將塞夫的這番話聽進去，不僅沒有仔細找尋冰化河段，甚至看見河邊有一棵很高的大樹，便想：「如果能把樹幹砍倒，便足夠橫跨河面了。」

果然，樹一倒下正巧跨越到對岸，於是約翰小心翼翼地走在這座「橋」上，但走到一半時，樹幹突然搖晃了起來，一個重心不穩，整個人便掉到了河面上。

猛力的撞擊力量將冰面撞碎了，約翰就這麼沉到了水裡，而他身上的獵槍、皮毛和夾子等等，也隨著水流沖散不見了。

好不容易撿回一條命的約翰，再度來到杜恩的家，把事情的經過如實說了一遍，只見杜恩苦笑著說：「每個人都需要一段學習的過程，不過，你竟然用這樣一個教訓來『學習』，眞不知道是你倒楣還是我倒楣？」

約翰回到家後，只好像先前一樣，每天踏實地從早忙到晚，到了夏天他又存下了五美元給杜恩，只是加上他借來買捕獵器具的錢，約翰目前共欠了杜恩一百零五美元。

到了秋天之時，杜恩竟然主動送了七十五美元給約翰，他對約翰說：「孩子，你已經欠我很多錢了，爲了能夠早點收回這些錢，我想，你今年冬天再到森林去打獵吧！」

這次，約翰一個人來到河邊，花了一整天的時間，做了一個木筏……過完冬天，約翰終於賺到了他生命中的第一筆三百美元，這不僅讓他還清了獵具的錢，也還清了父親所欠下的那四十美元。

從此以後，每到冬天約翰都會到森林打獵，慢慢地他也成了村鎮上的風光人物。在他三十歲那一年，杜恩去世了，而他在遺言中，竟然把他那幢宮殿似的大房子和一筆錢全給了約翰，此外，還有一封信：「其實，我從未借錢給你的父親，因爲我不相信你父親能改變自己的命運。不過，當我第一次看到你時，我就感覺到你的與衆不同，爲了證明這一點，我決定要考驗你。杜恩。」除了這封信外，信封袋裡還裝了一筆四十塊現金！

我們可以這麼說，杜恩是約翰生命中最重要的貴人，而遇到杜恩則是約翰生命中的轉捩點。

看得出約翰需要被激勵的杜恩，雖然一開始時不斷地給人難堪，甚至有貶抑對方的言詞，但再難聽的話裡，我們卻不難看見杜恩期望約翰成功的關切，那關切表現在他嘲諷對方後，仍又適時地出錢幫忙的行動裡。

讓我們回想生命中曾經遇到的刺激，也回想當初面對刺激時的反應，再看看我們的周遭，有多少人因此而更加積極上進，又有多少人一味地停滯原地，與人怒目相向？

每件事情的發生都有一定的背後意義，至於我們要讓這個「意義」成爲正面還是反面，決定權就在我們的態度中，一如約翰面對杜恩刺激時的選擇一樣，而這正是杜恩默默地傳達給約翰的生命態度。

勇敢面對，就一定有成功的機會

每一個成功者都有他要走的困難與艱辛，也有他要流的汗水與淚水，只要能走過艱苦，流過付出的汗水，我們自然會走到富翁之路。

每個人一出生就獲得了第一個人生機會，那便是「生的機會」，每個人一出生也同時獲得了人生中第一筆財富，那便是「生命活力」。

不論你現在的生活面貌如何，都要提醒自己：「只要生命還在，就一定還有機會，只要保持身體健康與積極活力，我們定能掙得想要的富足人生。」

有個年輕人經常對朋友哭訴：「我好窮好可憐啊！誰能幫幫我呢？」

天天埋怨也天天坐困愁城的年輕人，這天決定向一位富翁請教致富之道，請求這位白手起家的富翁毫不保留地告訴他致富的秘訣。

年輕人一進門，還未等年輕人開口問話，富翁便對他說：「你一定很想知道我是怎樣白手起家的吧？」

「是啊！您怎麼知道？」年輕人驚訝地反問富翁。

「因爲在你之前有很多人來找過我，他們的情況和你一樣，一個比一個還要窮困潦倒，而且牢騷滿腹，不過……」

「不過什麼？」年輕人著急地插話追問。

「他們走的時候才知道原來自己是個大富翁。我看你也具有非常豐厚的財富啊！爲什麼還要不停抱怨呢？」富翁微笑地提點這名年輕人。

「財富？在哪裡啊？」年輕人急切地問道。

「嗯，我看你有一雙明亮的眼睛，這樣好了，我用一袋黃金與你換一隻眼睛。」富翁沒有回答年輕人的問題，卻離題和他提出交易。

「不行，我不能失去眼睛！」年輕人大聲地回答。

「好，那麼就換你的一雙手，只要你願意把雙手給我，你想要多少財寶我全都答應你。」富翁又說。

年輕人一聽，連忙說：「不，我不能失去任何一隻手！」

「孩子，你很清楚你身上的價值啊！有了一雙眼睛，你爲何不好好學習呢？有這麼健全的雙手，爲何不勤快勞動呢？你明白我的意思嗎？你知道你擁有的財富有多豐厚了吧！我老實告訴你，這些就是我的致富秘訣。」富翁說。

年輕人一聽如夢初醒，走出富翁家的大門時，臉上掛著自信的微笑，胸膛挺得筆直，整個人好像重獲新生似的。

這種情景誠如富翁所說，此刻的他也坐擁著豐厚財產，儼然是個財力雄厚的大富翁，因爲他知道：「原來，我早就擁有致富的本錢啊！」

想想富翁給年輕人的建議，再想想那些身體殘缺的鬥士們的努力，最後回頭

看看四肢健壯卻一事無成的自己，是不是深感慚愧？

其實，不少人的窮困潦倒是他們自己造成的，有人只為一時的歡樂而散盡家產，也有人只知道埋怨，卻從未努力行動，會導致這樣的結果，他們都知道原委，只是不願面對而已。

勇敢面對，就一定有成功的機會；當富翁一步步引導年輕人深思時，我們也應跟著自省思考。

每一個成功者都有他要走的困難與艱辛，也有他要流的汗水與淚水，只要能走過艱苦的道路，流過付出的汗水，我們自然會走到富翁之路。

全心投入，自然能收穫成功的果實

就算處境再艱難，只要想成功，再辛苦我們也能甘之如飴，再累我們也能堅強地撐下去，直到達成目的為止。

機會就在前方，必須奮力向前才能抓住，沒有人可以幫你累積腳步。每走一步我們距離目標就前進一步，只要能堅持下去，目標便會距離我們越來越近。

不必畏懼險阻，只需要全神貫注腳底下的積極步伐，那麼關於傳說中的困難，關於聽聞的阻礙，關於那些汗血淋漓的可能性，都將因爲我們只專注於前進，因而忽略、走過。

一九六五年，一位來自韓國的留學生孜孜不倦地在劍橋大學校園內閱讀心理學相關資料，還經常在下午茶時間，到學校裡的咖啡廳裡，聆聽成功人士的對話與演講。

這些成功人士之中有不少人是諾貝爾獎得主，都是些各個領域的權威人士，甚至是創造經濟神話的名人。他們談吐幽默風趣、風采翩翩，在談及自己的成功時，都將這個結果看得非常自然而且順理成章。

經過一段長時間接觸後，這名留學生卻發現，當年他在韓國學習成功心理時被許多人誤導了。那些人爲了讓正在創業的人知難而退，習慣都把自己的創業歷程說得過度艱辛，根本是用自己的成功經歷嚇唬那些還沒有取得成功的人。

身爲心理系的學生，這個留學生認爲：「我必須好好研究一下國內成功人士們的心態。」一九七〇年，他把《成功並不像你想像的那麼難》作爲畢業論文，並將它交給現代經濟心理學的創始人威爾布雷登教授。

布雷登教授閱讀這篇論文後大爲驚艷，他認爲這是個重大的新發現：「這個現象其實不只存在東方，事實上就我所知，這個心理狀態在世界各地是普遍存在的，只是一直沒有人能大膽地提出來並加以研究。」

「孩子，你辦到了！」布雷登教授肯定地拍著這位留學生的肩膀。

驚喜之餘，布雷登還寫了封信給他的劍橋校友，當時坐在韓國政壇第一把交椅上的人朴正熙。

信中，教授是這麼寫的：「我不敢說這本著作能對你有多大的幫助，但是我敢保證，它肯定比你所發布的任何一個政令都具效力與震撼力。」

後來，這本書果然帶動韓國的經濟起飛。

這本書鼓舞了韓國上下人心，他們從書中獲得一個全新的省思角度，因爲書裡告訴人們：「成功與歷經艱辛沒有必然的聯繫，只要你對某一個夢想、事業充滿興趣，只要你願意長久地堅持下去，就一定會成功。因為，上帝賦予你的時間和智慧絕對足夠你圓滿做完這一件事情！」

帶著這樣的信念與自信，這位留學生回到國內後也寫下屬於自己的成功篇章，成爲韓國某汽車公司的大總裁。

近年來，韓國各項產業積極發展，從 3G產品到娛樂產業都相當蓬勃，不難看出韓國人的積極與企圖心，或許正是這股新觀念帶動了人民的活力，也有可能是社會積極行動的氣氛深刻地影響了每一個人。

這名汽車總裁告訴我們成功沒有想像中的困難，咀嚼這句話的同時，我們又要給自己什麼樣的刺激呢？

不管別人怎麼說，也不管人們怎麼解說成功世界的難易，最重要的關鍵在於自己「想不想成功」。就算處境再艱難，只要想成功，再辛苦我們也能甘之如飴，再累我們也能堅強地撐下去，直到達成目的爲止。

其實，成功的元素不外乎我們熟悉的興趣、堅持、機智與自信，所以我們眞正需要的不是怎麼取得成功的靈丹妙藥，而是全心投入追尋成功的過程，發揮自己所能，也享受這段歷程，自然就能坐收成功的甜美果實。

別把人生畫布塗得太滿

掌控自己的貪念，有限度地追求、有限度地佔有，讓生活中多點空閒，讓人生留點舒緩的空間。

很多人之所以老是覺得自己不快樂，往往是因爲心中的慾念作祟，無法放下自己對諸多人、事、物的掌控慾所致。

只要懂得適時放下心中那些超過自己負荷的野心、企求，我們就可以讓自己擁有寄充實又快樂生活。

追求任何東西，都要懂得節制。

物質上，有所求有所不求，道德上，有所爲有所不爲，如果能做到這一步，我們自然能泰然自在，時時充滿生活智慧。

行走人生別抱持太大分野心，試著把驅使自己不斷掠取的那一股動力，小心翼翼地操控在手中，在該收手時收手，在該前進時邁大步前進，那麼這條人生路將走得比別人快意順暢。

事業成功、婚姻美滿的羅伯特非常喜歡老虎，從老虎身上，他還發現：「老虎很懂得空白的好處，和凡事都好追求完美，從來都不懂得滿足的人類相比，人類根本不如牠！」

對羅伯特來說，他從老虎身上學習到的生活藝術與智慧哲思，比從人類身上學習到的還多。

其中，最讓他印象深刻的是，無論老虎多麼勇猛、如何兇猛捕食，每當牠們填飽了肚子，便不再與世界爭鬥，當牠們感到滿足時，便會懶洋洋地臥地休息，即便有獵物從面前走過，也不會有任何動作，因爲牠們知道肚子吃飽了就好，不必再貪婪吞食。

羅伯特時常對朋友們這麼說：「我發現老虎隨身帶著一個倉庫，那個倉庫就是牠的肚子，如果老虎能開口說話，一定會叮嚀我們，要懂得爲生命留一些空白。」

羅伯特感嘆，要人類學會滿足，不再有貪婪心，恐怕還有好長一段路要走，畢竟在追求財富時，多數人還是秉持「人不爲己天誅地滅」的私心，滿口說共享、分享，鈔票卻始終往自己的褲袋裡塞。

你是不是也常說「多多益善」這幾個字？

曾經有一個成功者被挑選出來進行長期追蹤觀察，研究者想從他身上找出成功的特質與成功的原因，最後結果出爐，答案是：「他除了有積極努力不懈的企圖心外，還具備了許多人少有的簡單心，即沒有過度的野心。」

這麼說，可能會讓許多人感到困惑，因爲多數成功者總是提醒我們，夢想遠

大、野心勃勃才能獲得成功結果。

的確，沒有野心的人缺乏前進動力，但他們卻忘了告訴我們：「所謂的野心不是狂妄佔有，而是要能放能收！」

好像畫圖一樣，畫布不能塗得太滿，留點空白更能顯現出色彩的豐富與美麗；又好像城市景觀一樣，在林立的建築中規劃一片綠地，生活其中才能得到舒展，使人重新增添活力。

生活中能不能多留點空白給自己呢？

掌控自己的貪念，有限度地追求、有限度地佔有，讓生活中多點空間，讓人生留點舒緩的空間。

用輕鬆態度輕鬆工作

無論什麼工作，都有輕鬆快意的一面，只要找到那個面向，並以積極正確的態度，時刻朝著那個面向前進，臉上總會帶著燦爛的笑容。

想輕鬆工作，其實很簡單，只要找對工作，找到適合的職位，也從中找到讓自己發揮所長的空間，或是培養出興趣，我們自然能工作愉快。

只要確認自己的方向，無論被分配到什麼樣的工作，其實都是很輕鬆的，不會產生挫折感。

只要我們能帶著愉快的心情上工，只要我們願意從中培養出興趣，我們自然會發現工作的趣味，生活也將因此變得更輕鬆自在。

有兩個地方監護使者在城門入口處相遇，其中一位使者問對方：「你最近在忙什麼，上面交給你什麼工作啊？」

這個使者答道：「上司派我去監視一個墮落的傢伙，他就住在前方的山谷中，是個作惡多端、卑鄙無恥的惡人，我想這一定是件負擔極重的任務，唉，我現在就感覺到這項工作將會很辛苦。」

第一個使者聽完同事的擔心後，卻這麼說：「放心，那其實是一件很輕鬆的差事，我之前也曾經在那兒任監護職務。如今，他們則派我去監護一個善良的聖徒，他就住在另一邊的村莊裡。我想，那才是件負擔沈重的工作。」

即將成爲惡人看護的使者，聽完後頗不以爲然地質疑著：「你這根本是胡說八道、胡亂臆測，試想，善良的聖徒怎麼可能比惡人還要難監護？」

被同事反駁的使者，不滿地說：「你居然說我胡說八道，眞是太無禮了，我說的都是事實啊！我看你才眞是沒用大腦判斷、胡言亂語。」

兩個使者就這麼吵起來，從反唇相譏到拳腳相向，最後還揮刀抽劍。

就在他們吵得不可開交時，有個地方長老上前阻止他們：「爲什麼要打架呢？眞不像話，別忘了你們的身分啊！若讓人知道監護使者竟在城門口打架，人們以後怎麼看待我們？你們到底爲了什麼事吵成這樣呢？」

只見兩個使者依然互不相讓，爭著辯駁上司指派給他們的工作是最辛苦的，只有自己才應該得到最優渥的獎賞。

長老搖了搖頭說：「既然你們都堅持對方的任務比自己的任務輕鬆，這樣吧！爲了公平起見，也爲了讓你們充分發揮所長，你們不如互相交換手上的工作，好好在你們認爲『輕鬆』的工作中得到滿足。」

兩位年輕使者點頭答謝，便朝著剛剛接下的新任務前進，只是在離去前，他們卻同時回頭看了長老一眼，臉上滿是憤怒。

此刻，他們並未因爲接下自認爲「輕鬆」的工作而感到開心，反而對長老充滿了怨恨：「就是這些老不死的，害得我的日子一天比一天難過。」

從你的角度來看，到底誰才是最辛苦的呢？是得到惡人谷監視的使者，還是得到善良人家當看護的使者？

或者，你覺得兩個人都很辛苦？抑或兩個人都很輕鬆呢？

暫且把問號放在心裡，讓我們一塊仔細想想生活中的自己，當主管將工作分配下來時，你是用什麼態度迎接面對的？想過之後，你自然能得出故事中的結果。其實，無論是生活還是工作，不管是對惡人還是善人，關鍵都在於面對的態度，因爲工作從來都沒有是輕鬆的，也從來都可以是輕鬆的。

每個人都有自己的難題，不同的工作任務也各有不同的困難與麻煩，不必羨慕別人的輕鬆自在，也別抱怨自己的工作繁瑣沈重，只要找對角度、調整心態，每樣工作都能做得愉快。無論我們正站在什麼樣的工作崗位上，都有輕鬆快意的一面，只要我們找到那個面向，並以積極正確的態度面對，時刻朝著那個面向前進，即便揮著汗、流著淚，臉上也總會帶著燦爛的笑容。

只要不放棄，就會有奇蹟

人在絕望的當下，若能相信「還有機會」，便可以走出難關。只要不放棄，生命便會演繹各種奇蹟。

除非自己放棄，不然誰也不能逼你放棄一切。從這個角度來說，生命之所以脆弱，往往是因爲我們自己先倒下了，自己先放棄了自己。

不要因爲眼前的挫折而失望，人類最神奇的地方不是只有思考能力而已，還包括神奇的堅強意志，只要我們不放棄，總能讓我們等到撥雲見日時。

在非洲某個茂密的叢林裡，有四個瘦到皮包骨頭的男人正扛著一只沉重的箱子踉踉蹌蹌地奔跑。這四個人分別叫特里、麥克達利斯、古德約翰、托尼，幾個星期前跟隨隊長貝爾巴夫一同進入叢林探險。

原本貝爾巴夫答應會給他們優渥的工資，但是就在任務即將完成前，貝爾巴夫卻不幸病逝於叢林中，這個箱子則是貝爾巴夫臨死前親手製作的。

臨死前，他對這四個人說：「我要你們向我保證，寸步不離這只箱子。只要你們能把這個箱子送到萊斯特教授手中，你們將分得比金子還要貴重的東西，拜託你們了。」

四個男子埋葬貝爾巴夫之後，便匆匆上路。然而天氣酷熱，路越來越難走，再對照著他們瘦弱的身軀，想抵達目的地實在困難重重，他們像似陷在泥沼中掙扎著，若非貝爾巴夫的遺言在耳邊鼓勵，他們早就倒下了。

他們互相支持著，同時不准任何人亂動這只箱子，在最艱難的時候，他們堅定地對自己說：「很快的，我們便會得到一筆可觀的報酬！」

歷經千辛萬苦，他們終於走出了叢林，隨即急急忙忙地尋找萊斯特教授，並向他問起應得的報酬。

但是，貝爾巴夫似乎沒交代教授這件事，只見教授滿臉疑惑地說：「你們要什麼東西？我可是一無所有啊！嗯，該不會箱子裡有什麼寶貝吧！」

於是，教授當著四個人的面打開了箱子，但就在那一瞬間，所有人全都呆住了，因爲箱子裡什麼都沒有，只有滿滿一堆沒有用的枯木。

「開什麼玩笑啊？」古德約翰憤恨地說。

「我早就看出那傢伙有神經病，我們上當了！」托尼怒吼道。

「哪裡有比金子還貴重的東西？我們居然被騙了，可惡的傢伙！」麥克達利斯也氣憤地嚷著。

唯獨特里靜靜地站在一旁，此刻的他正回想起剛走出的難關，和那些在叢林裡看見的白骨。

「如果沒有這個箱子，我們早就倒下去了……」特里尋思著，忽然他站了起來，大聲地說：「你們別再說了，我們的確獲得了比金子還貴重的東西，那就是生命啊！」

因爲貝爾巴夫給的一箱「希望」，讓他們懷抱著一份「希望」，支持著搖搖欲墜的鬥志，這正可以說明，人在絕望的當下，若能相信「還有機會」，便可以走出難關。

從心理學的角度來說，這是「暗示」的作用，希望沒有被直接點明，卻能在人們心中悄悄孕生。好像特里等人的遭遇一樣，爲了能讓伙伴走出困境，貝爾巴夫給了他們一個「希望」動力。

只要能熬過最艱困的那一關，即使生活得重新開始，也是値得的。只要不放棄，生命便會演繹各種奇蹟。

天災過後，有人埋在地下將近半個月還能活下去，便是因爲他們相信生命的韌性，也相信自己一定能獲救。只要我們告訴自己「要活下去」，生命體本身自然會支持著我們努力活下去；只要我們告訴自己「一定有機會」，那麼人生自然會帶著我們去尋找重新站起的機會。

處理好心情，才能處理好事情

文蔚然 編著

優秀的人，不會讓情緒控制自己

作家喬治・桑曾說：「**瞋怒的心情，經常會使小過變成大禍，讓自己從有理變成無理。**」確實如此，心情好壞往往決定事情成敗，無論面對任何事情，必須切記先將自己的心情處理妥當以後，再來處理事情，千萬別讓心情影響自己所做的任何判斷或決定，才不會造成事後懊悔不已。

黛恩 編著

改變思考方式，才會有更好的出路

想改寫人生，就要適時改變自己的思考模式

戴爾．卡耐基曾經寫道：

「如果自己非常想要做的事情未能成功，不要立刻接受失敗，試試別的方法，因為你的弓不會只有一根弦，只要你願意找到另外的弦。」

人要懂得變通，要懂得順應環境調整自己的心境，改變自己的思考方式。

在快速變化的人生旅途中，或許你的腦海不時浮現一些自認為非常棒的想法，但是，如果不懂得順應環境，不懂得適時修正自己的思考方式，那麼可能就永遠找不到自己的人生出路。

瞧不起你的人，就是你的貴人

作　　者　凌　越

社　　長　陳維都

藝術總監　黃聖文

編輯總監　王　凌

出 版 者　普天出版家族有限公司
新北市汐止區忠二街 6 巷 15 號
TEL / (02) 26435033 (代表號)
FAX / (02) 26486465
E-mail：asia.books@msa.hinet.net
http://www.popu.com.tw/
郵政劃撥 19091443 陳維都帳戶

總 經 銷　旭昇圖書有限公司
新北市中和區中山路二段 352 號 2F
TEL / (02) 22451480 (代表號)
FAX / (02) 22451479
E-mail：s1686688@ms31.hinet.net

法律顧問　西華律師事務所・黃憲男律師

電腦排版　巨新電腦排版有限公司

印製裝訂　久裕印刷事業有限公司

出 版 日　2020 (民 109) 年 7 月第 1 版

ＩＳＢＮ◎978-986-389-731-6　　條碼 9789863897316

國家圖書館出版品預行編目資料

瞧不起你的人，就是你的貴人／
凌越著.—第 1 版.—：新北市,普天出版
民 109.7 面； 公分. - (生活良品；17)
ＩＳＢＮ◎978-986-389-731-6 (平裝)

生活良品

17